CONTENTS

CHAPTER 1

이소을

예쁜 거 옆에 또 예쁜 거

야마나시현 가와구치코
나가노현 가루이자와
도쿄도 가구라자카
도쿄도 기요스미시라카와

006

CHAPTER 2

이수영

오래된 것이 좋아

사이타마현 가와고에
도치기현 닛코 & 기누가와 온천
군마현 구사쓰 온천
도쿄도 구라마에

076

CHAPTER 3

김수수

일상의 소소한 행복

이바라키현 국영
히타치 해변 공원
가나가와현 가마쿠라·에노시마
도쿄도 나카노·고엔지
도쿄도 후타코타마가와

148

CHAPTER 01

이소울 예쁜 거 옆에 또 예쁜 거

저는 자연과 동물, 일상을 소중히 여기면서 함께 살아가는 이야기와 이를 그림으로 표현하고 있습니다. 제 그림에 등장하는 '이로'는 사람들에 의해 파괴되고 있는 환경과 그로 인해 고통 받고 있는 동물에 대한 애정이며, '이로'가 여행을 하면서 만난 다양한 사연의 동물들, 그리고 친절한 사람들의 이야기를 전해줍니다. 이런 이야기들을 담아 '미끌미끌 온천탕'이라는 이야기 그림책도 만들게 되었습니다.

CHAPTER 02

이수영 오래된 것이 좋아

저의 그림에는 작은 행복을 알고 있지만 삶 속에서 격려와 위로가 필요한 인물들, 그리고 사라져가는 풍경들이 등장합니다. 한지 위에 안료를 쌓다 보면 그들을 천천히, 그리고 공손하게 다독이는 기분이 들 때가 많습니다. 정직한 사람들, 쉼이 필요한 인물, 풍경들이 종이 위에서 편히 쉴 수 있게 위로하는 마음으로 작업을 이어가고 있습니다. 이번 도쿄에서의 긴 여행은 개인적으로 기억 속의 이야기를 다시 찾고 기록하는 의미가 있었던 것 같아요. 옛 건물에서, 가게에서, 오래된 간판에서 다시 그 시간으로 돌아가 함께 이야기하고 걷는 상상을 해봅니다. 유랑의 시간이 어느 순간 일상이 된 것 같은 기분을 맛보았어요. 그렇게 자연스럽게 낯설지 않은 풍경에서 영감을 받았고 그것을 담아냈습니다.

CHAPTER

김수수 일상의 소소한 행복

저는 작고 소소한 것들에 관심이 많습니다. 어느 날 문득 '오늘 내가 기억에 남는 일이 무엇이었지?'라는 생각이 들었습니다. 그 후로 하루를 보내며 소소하지만 특별한 순간들, 인상 깊었던 장면들을 사진으로 찍고 그리기 시작했습니다. 나른한 오후 차를 마시면서 만난 작은 식물들, 길가에 작은 포장마차 등 귀여운 일상들이 내 곁에 있었습니다. 너무나 당연해서 놓쳤던 우리의 오늘은 사실 삶의 바탕이 되고 우리의 역사가 됩니다. '오늘의 기억'을 통해 각자의 삶 속에 숨어있던 소중함을 되찾아보는 시간이 되면 좋겠습니다. 이번 도쿄에서의 작은 여행도 일상의 소소한 행복을 이야기하고 있습니다.

WRITE

이정선 글

대부분의 시간을 여행 중이거나 여행을 준비하고 있거나 여행에 관한 글을 쓰고 있습니다. 이미 유명한 관광지보다 잘 알려지지 않았으나 매력적인 장소와 지역을 찾아내고 소개하는 것이 즐겁습니다. 도쿄에서 가기 좋은 근교 여행지와 도쿄의 숨은 동네를 찾아 다닌 이번 여행은 세 명의 그림 작가와 함께 했습니다. 글과 사진으로 미처 담아내지 못한 여행의 생생한 순간이 세 작가의 따뜻한 시선으로 완성되었습니다. 작은 행복에 공감하고 소소한 일상을 소중히 하는 사람들에게 이 책을 건네고 싶습니다.

CHAPTER

예쁜 거 옆에 또 예쁜 거
이소을

야마나시현 가와구치코
山梨県河口湖町

`후지산` `고원 호수` `자전거 여행` `미술관` `유네스코 세계유산*`

- **추천 대상** 후지산을 제대로 감상하고 싶은 사람
- **추천 계절** 자전거를 타기 좋은 봄부터 가을까지
- **가는 방법** (자세한 내용은 p.223) 후지급행 가와구치코역 하차

+ 한마디 더 가와구치코는 해발 800m 이상의 고원 지대에 위치해 있어 여름에 상대적으로 시원한 반면, 겨울이 길고 많이 춥다. 소홀해지기 쉬운 봄과 가을에는 방한에 특히 신경 쓰도록 하자.

후지산이 보이는 풍경

해발 3,776m로 일본의 최고봉이자 상징 후지산. 일본 여행의 로망 중 하나는 이 후지산을 가는 것이다. 그런데 이것이 후지산 등반을 뜻하는 것은 아니다. 후지산 정상 등반은 1년 중 7~8월만 가능할뿐더러 명성에 비해 볼 것은 그다지 많지 않기 때문이다. 오죽하면 '후지산을 한 번도 안 오르면 바보요, 두 번 올라도 바보다'라는 속담이 있을까. 후지산의 진면목은 오를 때가 아니라 적정 거리에서 떨어져서 바라볼 때 빛을 발한다. 매끈하게 빠진 산봉우리 위로 설탕처럼 뿌려진 만년설의 아름다운 풍모는 보자마자

사랑에 빠지게 된다. 맑은 날에는 100km 떨어진 도쿄에서 보일 정도로 후지산은 광대하고 웅장한 산이지만 좀 더 잘 보려면 후지산과 가까운 지역으로 가야 한다. 시즈오카현은 후지산의 남쪽, 야마나시현은 후지산의 북쪽을 코앞에서 볼 수 있는 지역이다. 특히 야마나시현에 위치한 후지산의 다섯 호수, '후지고코 富士五湖'는 일본 천 엔 지폐 속 호수에 반영된 후지산 그림의 배경이 된 바로 그곳이다. 이 다섯 호수 중 하나이자 관문이 되는 가와구치코는 도쿄에서 가기에도 아주 좋다.

후지산의 화산 활동으로 형성된 후지고코는 가와구치코 河口湖·모토스코 本栖湖·사이코 西湖·쇼지코 精進湖·야마나카코 山中湖를 일컫는다. 해발 800~900m에 위치한 고원 호수로 후지산 세계문화유산 권역에 포함되어 있다. 이 중 호안선이 가장 길며 두 번째로 면적이 넓은 가와구치코는 도쿄에서 교통이 편리하고 각종 관광시설이 잘 되어 있어서 연중 많은 관광객이 몰리는 곳이다.

유네스코 세계유산이란?

후지산은 2013년 유네스코 세계유산에 등재되었다. 의아한 것은 '자연'유산이 아니라 '문화'유산이라는 점이다. 일본 정부는 후지산의 유네스코 세계유산 등재에 힘썼으나 성사되지 않았다. 자연유산으로서의 특별한 가치를 인정 받지 못했기 때문이다. 이에 전략을 바꿔 후지산이 산악 신앙의 대상으로 많은 순례자가 있으며 각종 회화와 문학 작품의 원천이 되어왔음을 역설했고, 이것이 받아 들여지게 된다. 즉, 유산의 정확한 명칭은 '후지산-신앙의 대상이자 예술의 원천'이다. 세계유산 하면 세계에서 제일 크고 화려하고 유명한 것이라고 생각하기 쉬운데, 그보다는 후대에 물려줄만한 가치를 따져 묻는 학술적인 대상이라고 이해해야 한다.

가와구치코 여행의 시작은 자전거와 버스의 선택으로
시작 됩니다. <난 버스!

가와구치코역으로 가기 전 먼저 들러야 할 곳이 있다. 시모요시다역 가까이 자리한 아라쿠라야마 센겐공원新倉山浅間公園이다. 붉은 색의 오층탑과 후지산이 어우러져 '교토와 후지산을 한번에 볼 수 있는 곳'으로 <미슐랭 그린 가이드 재팬>의 별 두 개를 받은 포토 포인트다. 이 풍경을 담기 위해서는 397개의 계단이나 고불고불 경사로를 힘겹게 올라가야 한다. 생각보다 아담한 오층탑에 실망할 수도 있지만, 장난감 마을 같은 시내 전경과 장엄한 후지산이 만드는 풍경은 사진 이상으로 근사하다. 봄에는 650여 그루의 벚나무에 꽃이 흐드러지게 피어나는 후지산과 벚꽃을 함께 담을 수 있다.

TIP

고속 버스 이용자라면 탑승할 때 차장에게 미리 '추오도 시모요시다中央道下吉田'에서 내려달라고 하면 된다. 시모요시다역에서 가와구치코역까지는 후지급행선 열차로 4정거장, 약 15분 소요된다. 열차 배차 간격이 크기 때문에 시간표를 미리 확인하고 움직이자.

CHAPTER 1 이소을 × 야마나시현 가와구치코   013

▬▬▬ 가와구치코역에 도착하면 관광 셔틀 버스를 탈지 아니면 자전거를 이용할지 결정해야 한다. 이동 수단은 다르지만 동선은 거의 같다. 호반을 따라 반시계 방향으로 오이시 공원大石公園까지 가는 길에 대부분의 관광지가 몰려 있고, 관광 셔틀 버스도 이 노선으로 운행된다.

가와구치코 어디서든 후지산은 잘 보이지만 로프웨이를 타고 높은 곳에 올라 보는 맛은 또 다르다. 후지산 파노라믹 로프웨이富士山パノラマロープウェイ를 타고 가와구치코 호반 동남쪽의 덴조잔天上山 중턱까지 오르며 미니어처처럼 작아지는 마을과 아름다운 호수를 발 아래로 두고 웅장한 후지산을 마주할 수 있다. 전망대를 비롯해 편의시설이 갖추어져 있으며, 일본의 오래된 설화 '까치까치산カチカチ山' 속 캐릭터가 전시되어 있다. 할머니를 흉악하게 죽인 못된 너구리를 할아버지를 대신해 토끼가 혼내준다는 설화의 배경이 이곳 덴조잔이며 소설가 다자이 오사무太宰治가 동명의 단편 동화를 내면서 더 유명해졌다. 이야기 속에서 토끼가 너구리를 혼내주는 방식이 꽤나 잔인하데, 전시된 너구리와 토끼 동상은 디즈니랜드의 캐릭터마냥 귀엽기만 하다.

▬ 가와구치코의 호수를 따라 테마 박물관이나 전시 시설이 여럿 자리한다. 그중 구보타 잇치쿠 미술관久保田一竹美術館은 후지산의 자연과 예술이 공명하는 곳이다. 일본 전통 염색 기법을 연구해 기모노에 그린 그림으로 독보적인 예술 세계를 구축하고 세계적인 명성을 얻은 구보타 잇치쿠(1917~2003년). 그의 대표작을 상설 전시하는 이 미술관은 후지산이 내려다보이는 아름다운 적송림의 구릉지에 1994년 조성되었다. 기이한 문양의 나무 문을 지나 아트막한 경사로의 숲길을 따라 가면 가우디의 건축을 연상하게 하는 유기적인 곡면에 조각난 타일로 장식한 미술관이 나타난다.

그 안쪽에 유명한 기모노 작품과 그가 작업할 때 쓰던 물감, 붓, 벼루 등이 전시된 단정한 구관이 있다. 하나를 완성하는데 1년이 꼬박 걸렸다는 기모노 작품과 평생을 연구한 염색 기법은 감탄을 불러일으키기에 충분하다. 무엇보다 이 미술관의 백미는 정원이다. 구관 뒤편으로 난 오솔길을 따라 가면 비밀의 숲 같은 고요한 정원에 조각품이 오래된 유물처럼 서 있다. 초록 이끼 낀 동굴 안의 보살 조각상에선 종교적인 신비마저 느껴진다. 한곳을 응시하게 되고 발길이 잘 떨어지지 않는 미술관이다.

▬▬▬ 관광 셔틀 버스의 종점인 오이시 공원 大石公園은 후지산과 호수가 형형색색의 꽃밭과 어우러진 풍경이 유명하다. 4월 하순부터 10월 초순까지 튤립, 베고니아, 아이리스, 코스모스, 코키아 등 달마다 다양한 꽃이 피어나고 가장 넓은 면적을 차지하는 라벤더가 만개하는 6~7월 절정을 이룬다. 공원 내에 후지산 기념품을 판매하는 가와구치코 자연생활관 河口湖自然生活館도 있다. 후지산을 테마로 한 티셔츠, 지갑, 문구, 손수건, 과자, 음료 등 없는 것이 없다. 좀 노골적이긴 하지만 후지산에 다녀왔다는 티를 내고 싶을 때 쇼핑하기 좋은 곳이다.

▅▅▅▅ 오이시 공원에서 큰 길로 나와 초등학교를 왼편에 두고 조금 걸으면 베이커리 카페 레이크 베이크 Lake Bake가 나온다. 매장 안은 갓 구운 빵의 맛있는 냄새가 진동을 한다. 천연 효모를 이용한 빵은 특유의 풍미와 식감이 제대로다. 견과류나 초콜릿을 넣은 빵부터 메론빵, 카레빵 등 종류는 다양한 편. 야마나시현의 제철 과일로 만든 잼과 생 카라멜도 있다. 카페 테라스에 앉아 후지산과 호반이 어우러진 풍경을 바라보며 즐기는 빵과 수프, 차는 산해진미가 부럽지 않다.

토속적인 입맛이라면 야마나시 명물 요리인 '호토ほうとう'가 잘 맞을 것이다. 밀가루를 반죽해 넓적하게 썬 국수를 파, 호박, 양파, 감자 등 각종 채소와 함께 미소(된장)를 푼 국물에 넣어 끓인 요리다. 국수라기 보다는 딱 우리나라의 수제비 식감이다. 짭짤하고 깊은 맛을 내는 된장 국물은 추운 날씨에 후끈하게 몸을 데워 준다. 호토 전문 음식점은 주로 가와구치코 미술관 인근에 몰려 있다. 그중 호토 후도 가와구치코기타혼텐ほうとう不動 河口湖北本店은 호토 원조집으로 알려져 있다. 가게가 넓어 단체 손님이 가기에도 편리하다.

가와구치코의 또 다른 명물로는 후루야お惣菜の店 ふるや의 감자 고로케가 있다. 1966년 문을 열어 옛 모습 그대로 운영 중이다. 의사 가운만큼 하얀 요리사복을 갖춰 입은 할아버지가 주문과 함께 감자 고로케를 튀겨 내준다. 느끼함 하나 없이 바삭한 겉과 적당한 소금 간과 단 맛의 부드러운 감자 속이 어우러져 '맛있다'를 연발하게 된다.

가 루 이 자 와 軽井沢

나가노현 가루이자와
長野県軽井沢町

+ **한마디 더** 가루이자와역 남쪽 출구의 프린스 쇼핑 플라자에는 긴자 거리의 웬만한 잼과 와인 숍이 입점해 있다. 일정 마지막에 들러서 구입하고 바로 열차에 오르는 방법을 추천한다.

`여름 별장` `선교사` `존 레논` `와인과 잼`

- **추천 대상** 치즈와 와인을 즐기는 사람
- **추천 계절** 도쿄가 후끈 달아오르는 한여름
- **가는 방법** (자세한 내용은 p.225) JR 가루이자와역 하차

로맨틱한 가루이자와의 휴일

해발 1,000m의 고원 지대로 여름에도 선선한 바람이 불고 하늘을 지를 듯 울창한 전나무 숲이 쾌적한 그늘을 만드는 가루이자와. 이곳의 진가를 알아본 이는 일본에 서양 문물과 사람이 오가던 메이지 시대, 도쿄의 뜨거운 여름을 피해 우연히 방문한 파란 눈의 캐나다 선교사 쇼였다. 그가 남기고 간 서양 음식문화와 별장 건축은 일본 안의 서양이란 타이틀과 함께 널리 알려졌고, 도쿄의 부유층과 유명인사가 앞다투어 이곳에 별장을 짓는 계기가 되었다. 이곳에서 여름을 보낸 인물로는 존 레논과 오노 요코가 가장 유명하다. 그리고 또 한 사람, 살아 생전 퇴위하는 최초의 일왕이자 평화로운 시절의 상징이 된 아키히토 덴노明仁天皇가 있다. 그가 황태자 시절 처음 미치코美智子 왕비를 만났다던 테니스 코트가 지금도 남아 있다. 머리 희끗희끗한 노신사로만 기억되는 그에게도 젊은 시절의 로맨스가 있었다는 사실이 새삼스럽다. 이국적인 거리와 아름다운 숲길, 고즈넉한 별장이 자리한 가루이자와는 인생의 행복했던 한 시절을 떠올리게 하는 곳이다.

존 레논John Lennon은?

영국의 싱어송라이터이자 전설적인 밴드 비틀즈의 창립 멤버. 미국의 베트남 전쟁을 비판하며 평화운동을 벌인 사회 운동가이기도 하다. 존 레논은 일본과 인연이 깊은데, 그의 아내가 행위 예술가인 오노 요코小野洋子이기 때문이다. 그들의 러브 스토리는 유명하다. 결혼 후 존 레논은 자신의 중간성에 '오노'를 추가했고, 둘 사이에 아들이 태어나자 육아에 전념하기 위해 5년 동안 음악 활동을 쉬기도 했다. 그들은 함께 가루이자와에서 여름 휴가를 보냈다. 당시 묵었던 만페이 호텔에는 행복했던 시절의 가족 사진이 전시되어 있기도 하다.

02
KARUIZAWA
ONE DAY TRIP

가루이자와역 북쪽 출구로 나오면 자전거를 빌려 탈지, 걸어 갈지 결정해야 한다. 또는 버스를 타고 미카사 호텔을 간 후 되돌아 오면서 가루이자와 긴자 거리를 들르는 방법도 있다. 어찌되었든 가루이자와에선 조금 느긋하게 산책한다는 기분으로 출발하자.

가루이자와 역에서 가장먼저 만나게 되는 '사와야잼'.
괜히 미리 샀다가 일정 내내 무거워서 끙끙 거렸지만, 일단 맛을보면
왜 더 사오지 않았나 후회가 된다.
많이 사도 결코 후회하지 않을 인생잼!

먼저, 가루이자와의 숲으로 들어 간다. 번화한 긴자 거리를 지나 울울창창한 전나무 숲에 들어오니 띄엄띄엄 고급스러운 별장과 호텔이 눈에 들어온다. 서로 경쟁하듯 지어진 별장 건물은 구경하는 재미가 쏠쏠하다. 그 가운데 구 미카사 호텔旧三笠ホテル이 있다. 1906년에 지어진 이 아름다운 서양식 호텔은 서구의 문화가 밀려 들기 시작한 개항기 일본의 건축 양식을 상징적으로 보여준다. 전체 외관은 미국식 목조 건물에 문 디자인은 영국식, 판자벽은 독일식으로 지어졌는데, 묘하게 잘 어우러진다.

사람들로 붐비는 긴자 거리에서 숲으로 빠지면 작고 소박한 목조 예배당이 자리한다. '가루이자와의 아버지'라 불리는 쇼 선교사가 1895년 지은 가루이자와 쇼 기념예배당軽井沢ショー記念礼拝堂은 가루이자와 최초의 교회이다. 상징적인 의미에 더해 숲 한가운데 고요히 자리한 예배당에서 기도 하는 시간을 갖기 위해 사람들의 발길이 이어진다. 긴자 거리 뒷길 숲에는 성 바울 가톨릭 교회聖パウロカトリック教会도 있다. 1935년 미국인 건축가가 설계한 것으로 2단의 경사로 된 삼각 목조 지붕과 큰 첨탑, 콘크리트 외벽이 특징이다. 내부에서는 X자로 지붕을 지지하는 목구조를 볼 수 있다.

수식어가 딱 들어맞는
~~있어 구경하느라 앞으로~~
서면 예쁘고 아기자기한 잡화점이
~~서면~~ 동화속 주인공이 된듯한
프렌치 베이커리는 담백한 빵들이
~~사와야~~ 잼의 딸기, 사과잼을

바람소리 새소리만 들려온다.

가루이자와 긴자 거리 軽井沢 銀座通り는 큐카루이자와 사거리까지 이어진 약 800m의 상점가다. 오래된 잼 가게와 존 레논이 즐겨 찾았다는 베이커리, 개성 넘치는 잡화점, 로컬 와인 숍, 기념품 매장, 아기자기한 카페, 감각적인 레스토랑 등이 양 옆으로 즐비하다. 그중에서도 100년 전 캐나다 선교사가 전수해준 잼은 가루이자와의 특산품이다. 가루이자와에서 가장 오래된 나카야마 잼 中山のジャム과 가장 많은 점포 수가 있는 사와야 잼 沢屋ジャム을 비롯해 크고 작은 잼 가게를 발견할 수 있다. 딸기, 포도, 살구, 블루베리 등 일반적인 과일 잼은 물론, 가게에 따라 특이한 한정판 수제 잼을 출시하기도 한다.

프랑스의 자연 환경과 흡사한 나가노현은 일본에서 와이너리가 발달한 지역 중 하나로 꼽힌다. 고원 지대에 드넓은 포도밭에 자리한 산 쿠제르 와이너리 St. Cousair Winery도 그중 하나인데, 가루이자와에 직영 매장이 자리한다. 샤르도네로 만든 화이트 와인과 스파클링 와인이 주력 상품으로 세련된 패키지와 디스플레이는 구매 욕구를 마구 자극한다. 일본의 와이너리는 보통 과일 농장을 하다가 포도원으로 특화한 경우가 많아서 과일 잼을 생산하기도 한다. 이곳 또한 원래 당도를 낮춘 잼을 만들어 팔던 곳으로 잼의 품질과 맛을 보증한다. 마늘, 양파, 바질 등을 이용한 다양한 스프레드도 판매하는데 빵이나 쿠키에 발라 먹으면 와인 안주로 그만이다.

French Bakery
フランス ベーカリー
French Bakery
フランス ベーカリー

バタール
パリジャン

━━━ 긴자 거리에는 양대 산맥을 이루는 빵집이 두 곳 있는데, 존 레논이 매일 빵을 사러 들렀다고 해서 더 유명해졌다. 이 거리에서 가장 오래된 블랑제리 아사노야 BOULANGERIE ASANOYA는 1933년 문을 연 이래 가마 오븐에서 구운 프랑스와 독일 스타일의 빵을 선보이고 있다. 건 과일과 견과류를 넣은 호밀 빵이 대표적이고 피자 도우 반죽 안에 토마토와 모차렐라 치즈를 넣은 빵은 이곳의 인기 메뉴. 초록색 둥근 차양 막이 상징인 프랑스 베이커리 French Bakery는 만페이 호텔의 수석 베이커가 1951년 개업한 빵집이다. 존 레논이 좋아했다는 바게트가 특히 유명하고 고로케, 소시지빵 같은 소박한 일본식 빵을 맛볼 수 있다.

▬▬▬ 가루이자와에서 또 유명한 것이 치즈다. 아틀리에 드 프로마주아트리에·드·프로마주는 프랑스에서 치즈 제조를 배워온 부부가 직영 목장의 우유로 까다롭게 만든 치즈를 선보이는 수제 치즈 공방이다. 일본에서 가장 처음 만든 생치즈와 JAL 퍼스트 클래스에 납품하는 까망베르 치즈가 대표 품목. 나가노현 도노시에 본점이 있고 가루이자와에도 직판매장이 두 곳 자리한다. 특히 가루이자와에는 이곳의 치즈를 이용한 수제 피자와 카레, 치즈 퐁듀 등을 즐길 수 있는 아틀리에 드 프로마주 피제리아아트리에·드·프로마주 핏츠에리아가 있다. 구운 치즈 카레는 진한 카레 위에 생치즈를 얹어 구워내는데 짜지 않으면서 확실한 맛이 우리 입맛에도 딱 맞다.

긴자 거리를 따라 빈티지 숍이나 잡화점, 옷 가게도 눈에 띈다. 수준 높은 도쿄 사람들이 자주 쇼핑을 하러 오는 곳이어서 인지 꽤 수준이 높다. 그중 코리스coriss는 긴자 거리에서 살짝 벗어난 뒷길에 자리한 잡화점이다. 2층의 하얀 집 안에 인테리어 소품, 빈티지 옷과 패션 아이템, 그릇, 주방 용품, 문구 등 갖가지 물건으로 가득하다. 이 공간과 어울리는 하나 같이 아기자기하고 귀여운 것들이다.

CHAPTER 1 이소을 × 나가노현 가루이자와

━━━ 가루이자와역 쪽으로 가다 보면 모던한 외관의 미술관이 눈길을 사로 잡는다. 2012년 문을 연 가루이자와 뉴 아트 뮤지엄軽井沢ニューアートミュージ엄으로 유리 파사드와 촘촘히 세워진 흰 기둥이 이질적이면서도 주변과 잘 어우러진다. 일본 현대 미술 작가를 중심으로 기발하고 참신한 작품을 주로 전시해 미술에 대한 깊은 지식이 없더라도 흥미롭게 관람할 수 있다. 1층의 카페에서는 디저트와 커피, 계절 수프 등을 즐길 수 있다.

━━━ 가루이자와를 떠나기 전 들러야 할 곳이 있다. 너른 풀밭과 호수가 있는 쇼핑몰 가루이자와 프린스 쇼핑 플라자軽井沢 Prince Shopping Plaza이다. 명품 브랜드부터 가루이자와의 특산품을 예쁘게 포장하여 판매하는 잡화점까지 갖추고 있어 선물이나 기념품을 쇼핑하기에 안성맞춤이다. 점포 수만 200곳이 넘고 볼 것도 많아서 열차 기다리는 사이에 잠시 들러보려다가는 낭패를 볼 수 있으니 넉넉하게 시간을 잡고 방문하도록 하자.

문화생활 즐기기!

가
구
라
자
카
神樂坂

도쿄도 가구라자카
東京都神楽坂

`옛 요정 거리` `쁘띠 프랑스` `건축가 구마 켄고*`

- **추천 대상** 아기자기한 골목 산책을 좋아하는 사람
- **추천 계절** 사계절
- **가는 방법** 도쿄 메트로 도자이선 가구라자카역 하차
도에이 지하철 오에도선 우시고메가구라자카역 하차
JR 주오선·도쿄 메트로 도자이선·난보쿠선·유라쿠초선·도에이
지하철 오에도선 이다바시역 하차

＋한마디 더 최근 동네에 괜찮은 게스트하우스가 생겼다. 하룻밤 동네 사람이 된 기분으로 가구라자카의 골목을 거닐다 보면 이 동네의 숨겨진 매력을 발견할 수 있다.

시간이 머무는 언덕배기 동네

어떤 동네에서 살고 싶다고 느끼는 데는 여러 가지 이유가 있겠지만 대체로 첫 인상에서 판가름이 난다. 처음 와봤는데도 어딘가 익숙하고 친근하다. 건물은 위압적이지 않고 길거리는 잘 정돈되어 있다. 건물도 거리도 사람도 제 시간을 온전히 살아 냈을 때 느껴지는 편안함이 있다. 가구라자카가 그렇다. 가구라자카의 지난 시간은 사라지거나 함몰되지 않고 어딘가에서 도시의 한 부분으로 여전히 살아 있다. 마을의 수호신으로 700년 이곳을 지켜온 신사와 에도 시대 유곽이 번성했던 돌 바닥 길, 활기가 넘치는 오래된 상점가, 프랑스 국제학교가 들어서면서 생긴 와인 바와 치즈 가게, 최근에 문을 연 세련된 카페, 크림빵이 맛있는 오래된 동네 빵집이 서로의 영역을 침범하지 않으며 조화롭게 그 자리에 있다. 이름처럼 언덕이 많아서 오르고 내리는 것이 불편할 법도 하지만, 자연스러운 굴곡과 골목을 돌며 나오는 새로운 풍경이 오히려 산책 하는 즐거움을 준다. 가구라자카를 하릴없이 걸으며 도쿄의 숨겨진 다른 동네가 궁금해졌다.

03
KAGURAJAKA
ONE DAY TRIP

가구라자카역 2번 출구로 나오자마자 길 건너 넓은 계단 위로 보이는 아코메야 도쿄 인 라카구 AKOMEYA TOKYO in la kagu, 그리고 역 왼편에 자리한 가모메 북스 かもめブックス에서부터 여행을 시작한다. 2014년 몇 달을 사이에 두고 문을 연 두 곳은 가구라자카의 명소다. 라 카구는 '의식주(衣食住)+지식(知)'을 테마로 상품을 엄선한 컨셉 스토어다. 가구라자카 인근에는 예로부터 출판사가 많았는데, 이곳 역시 1965년 지어진 책 창고였다. 이를 건축가 구마 켄고가 리노베이션해 도시의 작은 광장 같은 외부 공간과 창고 구조를 그대로 살린 개방적인 실내 공간으로 재탄생 시켰다. 1층 카페에서는 교토의 이름난 계란 샌드위치도 즐길 수 있고, 개성 만점의 패션 아이템을 비롯해 북유럽 스타일의 가구와 디자인 잡화가 보기 좋게 진열되어 있다. 북 디렉터가 고른 테마 서적을 자유롭게 볼 수 있는 2층 서가에서는 때때로 강연이나 전시가 열리기도 한다.

건축가 구마 켄고隈研吾는?

1954년 가나가와현 요코하마 출생으로 현재 일본을 대표하는 건축가 중 한 명으로 꼽히고 있다. 나무, 돌, 흙과 같은 자연의 소재를 재해석해 미니멀하면서도 자연 친화적인 건축 디자인을 구사한다. 특히 목재 각목을 이용한 격자 디자인은 그의 시그니처이기도 하다. 콘크리트와 대량 생산으로 대변되는 이전 세대의 건축과 차별되는, 작고 약한 건축을 주창한다. 가구라자카의 주민이기도 한 그는 동네의 오래된 신사와 옛 책 창고를 리노베이션 하는 프로젝트에 참여하기 했다.

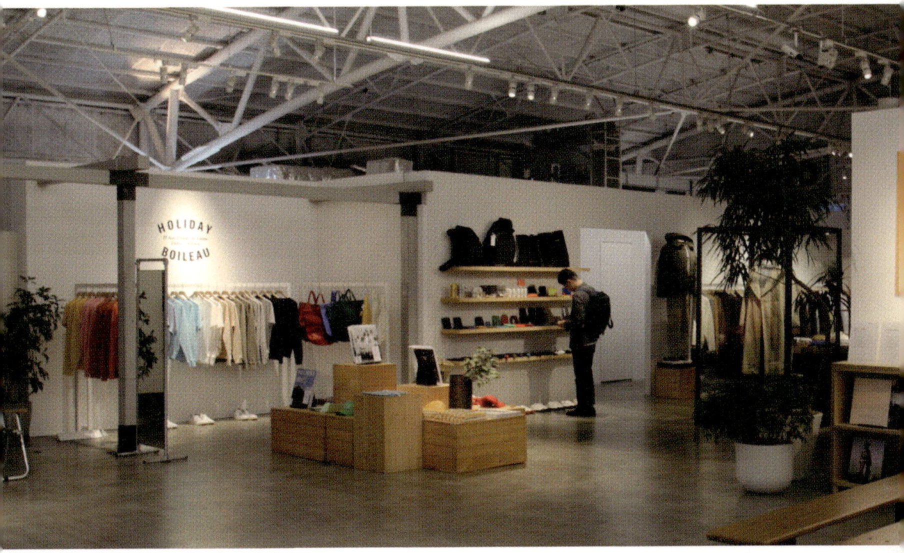
HOLIDAY
BOILEAU

LISTEN UP

THE THREE CATS

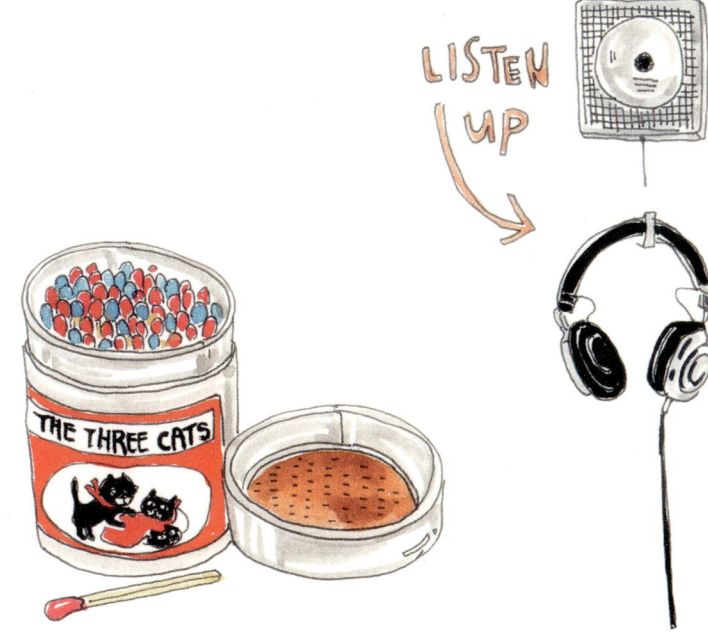

가구라자카의 오래된 동네 서점이 폐업을 한다는 소식을 듣고 한 출판 관련 회사가 이를 인수해 다시 연 곳이 가모메 북스다. 사람과 책이 직접 만나는 경험의 소중함을 알리고 싶은 새 점주와 이에 응답한 도쿄의 책 애호가들로 인해 가모메 북스에는 늘 온기가 감돈다. 크지도 작지도 않은 책방 안에는 1만 여권의 책이 진열되어 있고, 하나의 주제를 정해 책을 모아둔 특집 선반을 꾸며놓았다. 작은 갤러리에서 전시를 열기도 하고 커피 한 잔을 즐길 수 있는 카페도 마련되어 있다. 볕 좋은 날에는 서점 앞 테라스 자리가 인기다.

▬▬▬ 가구라자카 깃발이 나부끼는 상점가를 따라 내려간다.
이 상점가의 특이한 점이라면 도로가 일반통행인데 낮과 저녁에 방향이
반대로 바뀐다는 것이다. 교통 체증을 막는 효율적인 방법이란 생각이
들면서도 모르는 사람은 낭패 보기 십상이겠다. 상점가에는 채소 가게,
오래된 만두 가게, 기념품점, 화과자점이 줄이어 자리한다. 단골인 듯한
동네 사람들이 수시로 가게의 문턱을 넘고 외지인에게 친절하지만
부담스럽지 않은 인사를 건넨다.

가구라자카에서 조금 특별한 선물을 사고 싶다면 큰 길에서 살짝 빠져야
한다. 제대로 된 간판도 없이 가구라자카의 주택 뒷골목에 숨어 있는
작은 잡화점 요코구모よこぐも도 그중 하나. 일본 전역에서 모은 자연
소재의 잡화가 오래된 목재 테이블과 선반에 가지런히 정돈되어 있다.
손으로 짠 모자와 장갑부터 에히메현의 로스터리에서 가져온 커피 원두,
아오모리현의 대나무 바구니 등 종류는 다양하지만 주인장의 취향은 한결
같다. 만든 이의 정성이 오롯이 묻어난 물건을 고집한다는 것. 그래서 값이
다소 비싼 편이지만 오래 곁에 두고 쓸 물건을 찾는 이에겐 딱 알맞다.

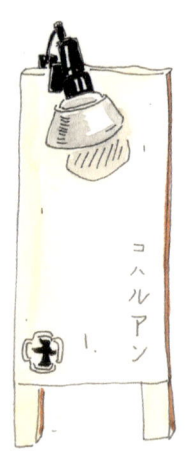

CHAPTER 1 이소을 × 도쿄도 가구라자카

　　　　뉘엿뉘엿 해가 지기 시작하면 가구라자카의 오래된 골목을 찾아간다. 에도 시대 요정이 밀집했던 가구라자카에는 그 당시의 고풍스러운 돌 바닥 길(이시타다미石畳)과 고급 요리 집이 아직 남아 있다. 아무래도 가격이 부담스러운데, 와규 덮밥으로 가격을 낮춘 가구라자카 쇼잔테이 神楽坂 翔山亭는 시도해 볼만하다. 최고급 와규를 부담 없이 즐기면서도 대접에는 소홀함이 없다. 주문과 함께 숯불에서 알맞게 구워주는 와규는 두말 할 것도 없이 맛있다. 와규 스시로 입맛을 돋은 후 다양한 부위의 와규가 소담스럽게 담긴 덮밥을 계란 노른자나 차와 곁들여 취향대로 즐기면 된다.

매우 젊은 주방장이 정성스레 와규를 한조각 한조각 올려준다.
질 좋은 와규로 만든 푸짐한 와규덮밥 한그릇이면 든든! 하지.
가게가 생각보다 작아 금방 줄이 생긴다.

소고기 안심이
올라간 와규덮밥.

━━━ 일본 요리점 옆으로는 와인 바와 프렌치 비스트로가 눈에 띈다. 인근에 자리한 프랑스 학교Institut français du Japo·Tokyo의 영향이다. 그래서 종종 우리나라의 서래 마을과 비교되기도 한다. 프랑스 셰프가 브루타뉴 지역의 정통 갈레뜨 요리를 일본에서 처음 선보인 르 브루타뉴ル・ブルターニュ 神楽坂店는 메밀로 만든 크레이프와 직접 만든 햄, 현지에서 공수한 치즈 등으로 오리지널의 맛을 추구한다. 달콤한 디저트 크레이프도 즐길 수 있다.

■■■■ 완전히 해가 지고 어둠이 내려 앉으면 아카기 신사 赤城神社를 찾아간다. 빨간 도리이(신사 입구를 나타내는 기둥 문)를 지나 넓은 계단 광장을 오르면 지붕과 기둥으로만 이루어진 단출하면서도 우아한 신사가 나타난다. 이 신사 또한 건축가 구마 켄고의 솜씨다. 목 구조의 따뜻하면서도 세련된 분위기의 신사로 주민들은 출퇴근이나 산책 길에 수시로 드나들며 하루의 안녕과 내일의 소망을 기원한다. 조명이 켜지는 밤에는 낮과는 또 다른 운치를 즐길 수 있다.

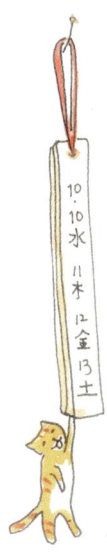

가구라자카에는 바쁜 출근 시간 진한 커피 한 모금으로 하루를 여는 사람들을 위해 이른 아침부터 부지런히 문을 여는 카페도 있다. 모조 커피 Mojo Coffee 神楽坂店는 뉴질랜드에 30여 곳의 체인이 있는 커피 전문점이다. 일본에 세 곳의 직영점이 있으며, 그중 가구라자카가 1호점이다. 커피의 품질이 보장된 단일한 농장의 원두, 즉 '싱글 오리진'을 고집해 원산지의 맛과 향을 오롯이 즐길 수 있다. 현지의 진한 플랫 화이트 한 잔과 아보카도 샌드위치로 꽤 근사한 모닝 세트가 완성된다. 가구라자카 지점은 아쉽게도 지금은 폐점한 상태이지만, 하라주쿠점 매장에서 모조 커피를 맛볼 수 있다. 이에 반해, 조용한 주택가에 자리한 코히닛키 珈琲日記는 여느 가정집 거실에 들어온 듯 편안한 분위기의 작은 카페다. 깔끔한 정장 베스트 차림의 바리스타가 바로 눈앞에서 우려내는 사이폰 커피가 대표 메뉴. 보글보글 플라스크에서 끓은 원두가 내뿜는 진한 커피 향이 마음을 차분히 가라앉힌다.

━━━━ 이대로 돌아가기 아쉽다면 2017년 오픈한 게스트하우스 언플랜 가구라자카Unplan Kagurazaka가 있다. 일본의 게스트하우스는 대체로 유명 관광지나 중심가에선 좀 떨어진 대신 동네의 소소한 일상을 경험하기에 최적화 되어 있는데, 이곳이 딱 그렇다. 외지인이 모두 빠져나간 늦은 밤과 이른 아침 가구라자카의 골목을 동네 사람처럼 하릴없이 걷는 기분은 특별한 감흥을 준다. 여기에 더해 깔끔한 시설과 세련된 1층 카페 라운지, 친절한 스텝, 도미토리부터 더블룸까지 다양한 타입의 객실을 이용할 수 있다.

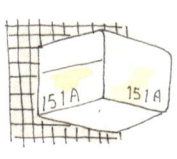

도쿄도 기요스미시라카와
東京都 清澄白河

`블루보틀` `카페 투어` `기요스미 정원` `미술관 산책`

- **추천 대상** 하루라도 커피를 안마시면 입안에 가시가 돋는 사람
- **추천 계절** 사계절
- **가는 방법** 도쿄 메트로 한조몬선·도에이 지하철 오에도선 기요스미시라카와역 하차

+ 한마디 더 이 동네의 카페는 보통 오전에 문을 열어서 초저녁이면 문을 닫는다. 원체 주택가라 동네 주민들이 조용히 휴식 해야 하는 밤 시간은 영업을 하지 않는 것이다.

커피와 공원

여행자들이 기요스미 시라카와를 찾는 이유는 순전히 블루보틀 때문이다. '블루보틀 일본 1호점'이라는 매혹적인 타이틀을 쫓아 수많은 여행자가 이곳을 찾곤 한다. 기요스미 시라카와는 전형적인 도시 주택가의 모습을 하고 있지만 어딘지 모르게 여유로운 분위기가 감돈다. 도시에 흐르는 여유로움과 편안함은 보통 풍부한 녹지 환경에서 온다. 조용한 주택가를 걷다 보면 자연스럽게 크고 작은 공원과 만난다. 가볍게 아침 운동을 하거나 강아지와 산책을 즐기거나 아이들이 마음껏 뛰어 놀 수 있는 공원은 도시민의 삶을 보다 풍요롭게 만들어 준다. 여기에 커피도 있다. 이 지역은 원래 해상에서 스미다가와 운하를 통해 운반된 목재를 쌓아두던 대규모 적재소가 있던 곳이다. 도로 교통이 발달하며 쓸모 없어진 높은 층고의 창고가 로스터기를 두고 원두를 볶는 최적의 공간이 된 것이다. 가게마다 독특한 풍미를 내는 로스터리 카페가 이미 몇 곳 자리하고 있었다. 좋은 공원과 훌륭한 커피가 있는 동네. 블루보틀이 왜 이 거리에 1호점을 냈는지 고개가 끄덕여졌다.

기요스미 시라카와에 다시 방문하게 된다면, 기요스미 정원으로 가야지.
그땐 꼭 책한권을 가지고 가서 하루종일 앉아 있을 거야.

━━━━━ 기요스미 시라카와에 블루보틀 못지않게 꼭 들러야
할 곳이 있다. 도쿄에서 아름다운 정원으로 손꼽히는 기요스미
정원淸澄庭園이다. 에도 시대 조성된 다이묘(지방 영주) 정원을 1878년
미쓰비시 기업이 사들여 사원이나 귀빈을 위한 별장으로 리뉴얼한
것이 그 시초이다. 관동 대지진 때 이곳이 대피장소로 쓰이면서 정원의
동쪽 절반을 공공 부지로 기부하게 되었고 이후 정비를 거쳐 지금의
기요스미 정원이 되었다. 자동차가 쌩쌩 달리는 도로와 주민들의
일상으로 채워진 주택가 사이에서 기요스미 정원에는 홀로 고요하고
우아한 시간이 흐른다. 가운데 섬이 있는 큰 연못을 중심으로 오솔길과
징검다리를 따라 거닐며 유유자적 산책할 수 있다. 일본 전역에서
수집한 기이한 수석이 중간중간 놓여 있고, 연못 한쪽에는 고풍스런
다실도 자리한다. 검은 깃털의 오리가 뒤뚱거리며 줄줄이 지나가고
이름을 알 수 없는 새들이 끝도 없이 지저귄다. 대체로 사람이 많지
않다는 것도 기요스미 정원의 큰 장점이다. 방해 받지 않고 이 정원의
아름다움을 충분히 탐닉할 수 있다.

━━━ 이제 본격적인 기요스미 시라카와 카페 투어를 나서본다. 가장 먼저 들러야 할 곳은 역시 블루보틀. 쇼와 시대의 건물이 남아 있는 거리와에도 시대 분위기로 꾸며 놓은 상점가를 지나 평범한 주택가가 이어진다. 점점 여기가 맞나 싶은 의심이 스멀스멀 올라올 때쯤 저쪽 골목에서 한 사람이 파란 물병 로고의 테이크아웃 컵을 들고 지나간다. 입장하려면 긴 줄을 서야 했던 개점 초기 때만큼은 아니지만, 여전히 블루보틀 커피 기요스미시라카와 로스터리&카페 Blue Bottle Coffee 清澄白河ロースタリー&カフェ는 전 세계 '힙스터'의 필수 코스다. 흰 외벽에 블루보틀 로고가 박힌 감각적인 외관과 달리 예전 창고의 구조가 그대로 남아 있는 내부는 공장의 느낌이 물씬 묻어난다. 가장 안쪽에는 큼직한 로스터기과 함께 세계 각지의 원두가 포대째 쌓여 있어 더 그렇다. 커피 메뉴는 에스프레소와 핸드 드립 중 고를 수 있는데 이 두 파트가 정확히 나뉘어져 있는 모습도 블루보틀의 상징적인 이미지다. 오늘의 원두는 블렌드 Blend 와 싱글 오리진 Single Origin 으로 구성된다. 싱글 오리진은 단일 농장에서 수확한 원두를 일컫는 말로 품질이 보장된 반면 수확량이 적어 가격이 조금 높다. 쿠키나 케이크 등 디저트 종류도 맛있기로 유명한데, 이곳에는 특히 즉석에서 구워주는 와플이 인기다.

블루보틀Blue Bottle은?

파란색 물병 로고로 대표되는 블루보틀은 속칭 '커피 브랜드 계의 애플'로 불린다. 즉, 커피 산업에서 이미지 마케팅과 고급화 전략이 제대로 먹힌 사례다. 기존 프렌차이즈 커피와 달리, 블루보틀은 최고급의 스페셜티 원두를 바리스타가 손수 한 잔씩 내리는 느린 방식을 고집했다. 시간은 오래 걸리지만, 최상의 커피를 소비한다는 경험에 대해 사람들은 지갑을 열었다. 또한 블루 보틀 로고가 박힌 커피 잔과 연구실 내지 공장 같은 매장 분위기, 젊고 개성 있는 바리스타는 '힙스터'의 취향을 제대로 저격했다. 2002년 미국 오클랜드의 창업주 차고에서 시작해 현재 뉴욕, 워싱턴, 샌프란시스코, 도쿄 등에 매장이 있으며 모두 직영으로 운영하고 있다.

▬▬▬ 이 인근에는 작지만 내공이 만만치 않은 로스터리 카페도 자리한다. 아프리카 토속품과 레게 머리를 한 주인장이 맞이하는 어라이즈 커피 로스터즈 ARiSE Coffee Roasters는 2013년 문을 연 로컬 카페다. 작은 카페 안에는 테이블 자리는커녕 몇 자리 없는 의자가 전부. 이 공간에 익숙하지 않은 손님이 우물쭈물 하면 주인장은 재빨리 눈치를 채고 커피를 추천해준다. 외국인 손님에겐 유창한 영어로 응대한다. 에티오피아, 케냐 등 익숙한 지역을 비롯해 미얀마, 태국 등 보기 드문 아시아의 원두도 있다. 커피를 내리는 주인장은 속도를 내는 법이 없어 주문 후 한참을 기다려야 하지만 누구 하나 서두르거나 불편한 기색을 내비치지 않는다. 손님들과 나누는 소소한 대화가 커피 향과 어우러져 금세 편안한 기분이 든다. 매일 원두를 사가는 동네 주민부터 출근 길에 들르는 회사원, 외국에서 찾아온 관광객이 어색함 없이 이 공간을 공유한다.

▬▬▬ 뉴질랜드 오클랜드에 시작해 영국, 오스트레일리아 등지에 카페 체인이 있는 올프레스 에스프레소 Allpress Espresso Tokyo Roastery & Café도 2014년 일본 직영점을 이 동네에 냈다. 이름에서 알 수 있듯 에스프레소 추출을 기본으로 하며, 뉴질랜드에서 즐겨 먹는 플랫 화이트를 제대로 맛볼 수 있다. 플랫 화이트는 카페 라떼보다 우유의 양이 적고 밀크폼이 농밀해 에스프레소 커피와 밀크폼의 다양한 베리에이션을 느낄 수 있다. 높은 층고의 목재 창고를 리뉴얼한 카페는 겉 보기와는 달리 자리가 많지 않은데, 유리로 나뉜 안쪽 공간에 로스터기와 원두 포대가 자리하기 때문이다. 대신 바깥에 자리가 더 있어서 볕 좋은 날에는 거리를 바라보며 커피를 즐길 수 있다. 샌드위치나 채소, 연어를 곁들인 플레이트처럼 브런치 같은 메뉴를 곁들일 수 있다.

올프레스 에스프레소가 자리한 길을 따라 가면 그 끝에 도립 공원인 키바 공원 木場公園이 자리한다. '키바'는 목재 적재소를 뜻하는 말로 과거 이곳에 대규모 적재소가 자리했던 흔적이다. 축구장 34개와 맞먹는 총 면적 24.2ha의 대공원으로 무성한 나무 사이로 넓은 잔디가 펼쳐져 있어 피크닉 장소로 동네 주민이 즐겨 찾는다. 자전거를 타거나 한가로이 유모차를 끌고 산책을 하는 공원에는 도쿄도 현대미술관 東京都現代美術館이 자리한다. 영어 명칭인 'Museum of Contemporary Art Tokyo'를 줄여서 '모트MOT'라는 애칭으로도 불린다. 도쿄도 미술관이 수집한 현대 미술 컬렉션을 분리해 1995년 문을 열었으며, 팝 아티스트 앤디 워홀 Andy Warhol부터 일본의 신에 디자이너 요시오카 도쿠진 吉岡徳仁의 작품까지 회화나 조각뿐 아니라 건축, 패션, 디자인 등 폭넓게 아우른다. 3천㎡의 상설 전시실과 4천㎡의 기획 전시실을 포함해 총 면적 33만㎡의 일본 최대 규모를 자랑하는 미술관은 단지 그 안에 머물러 있지 않고 지역 사회로 뻗어 있다. 지역 주민이 참여하는 다양한 워크숍과 인근 상점가, 카페 등을 활용한 공공 예술 프로젝트를 진행하고, 여기에 호응하듯 크고 작은 갤러리가 생겨 났다. 개관 초기 도심에서 떨어진 접근성이 문제로 지적되기도 했으나, 20년이 지난 지금 기요스미시라카와는 도쿄의 가장 핫한 동네가 되었다. 미술관은 2016년부터 리뉴얼에 들어가 2019년 3월 재개관 했다.

───── 키바 공원 인근에는 비건 베이커리와 유기농 채소 요리로 유명한 카페 코팡 cafe copain이 있다. '코팡copain'은 프랑스어로 '친구'라는 뜻이다. 1950년대 지어진 목조 주택을 최소한만 손 본 카페는 친구 집에 놀러 온 듯 온기가 느껴진다. 닭, 돼지고기, 쇠고기, 고등어 중 고를 수 있는 샌드위치 세트 메뉴는 점심 시간에만 주문할 수 있다. 샌드위치도 맛있지만 유기농 채소로 만든 샐러드가 정말 신선하고 맛있다. 디저트로 딸려 나오는 커피 젤리도 수준급. 계란을 사용하지 않는 빵과 버터나 생크림을 넣지 않은 케이크 등 비건 베이커리 때문에 일부러 찾아오는 손님도 많다.

CHAPTER

02

오래된 것이 좋아

이수영

사이타마현 가와고에

埼玉県川越

작은 에도
전통 가옥 거리
옛날 과자 골목
코에도 맥주*

☑ **추천 대상**
복고풍의 건물과 거리가 취향인 사람

☑ **추천 계절**
외부 활동하기 좋은 봄과 가을

☑ **가는 방법**
(자세한 내용은 p.226)
도부 철도 가와고에역·가와고에시역 하차 JR 사이쿄선(가와고에선) 가와고에역 하차

☑ **한마디 더**
사진 촬영이 목적이라면 오전에 가와고에역에 도착하자마자 구라즈쿠리 전통 거리로 가자. 잠깐 때를 놓치면 엄청난 인파에 사진 촬영은커녕 걷기조차 어렵다.

> **＊코에도COEDO 맥주는?**
> 우리나라 수제 맥주 펍에서도 드물지 않게 볼 수 있는 코에도 맥주의 본산지가 바로 가와고에다. 가와고에의 별칭인 '고에도小江戶(작은 에도)'의 영어식 네이밍으로, 고에도에서 맛보는 코에도 맥주는 한층 더 특별하다. 화려한 아로마 홉의 세션 IPA '마리하나Marihana', 산뜻함과 쓴 맛이 조화로운 인디언 페일 라거 '카라Kyara' 등을 레스토랑이나 카페에서는 물론 거리 가판대에서 생맥주로 즐길 수 있다. 꼬치구이, 고구마 칩, 당고 등 길거리 음식을 곁들여도 좋다.

도쿄의 옛 거리를 거닐다

400년 전 일본 센고쿠 시대를 통일한 도쿠가와 막부가 에도(지금의 도쿄)를 새 중심지로 정한 이래 도쿄는 명실상부 일본 제1의 도시다. 하지만 도쿄의 옛 모습은 도심엔 거의 남아 있지 않다. 1923년의 관동 대지진과 1945년의 제2차 세계대전, 1980년대 부동산 붐 등을 겪으며 재건과 재개발이 뒤따랐기 때문이다. 도쿄의 옛 모습은 의외로 도쿄의 근교 도시인 사이타마현에서 찾을 수 있다. '일본 전국에 작은 교토는 많지만 작은 도쿄는 단 한 곳, 가와고에뿐이다'라는 말이 있을 정도로 도쿄의 지난 시간은 가와고에 곳곳에 차곡차곡 남아 있다.

에도 시대부터 메이지 시대까지 도쿄의 배후 도시로서 제 역할을 톡톡히 했던 가와고에는 전쟁 이후 도시 구조가 재편되는 과정에서 사이타마시에 중심 도시로서의 기능을 빼앗긴다. 아이러니하게도 그 덕분에 가와고에는 대규모 재개발의 광풍이 비껴갔고 옛 건물과 도시 구조가 남겨지게 되었다. 가와고에가 도쿄의 근교 여행지로 이름 높은 것은 단지 물리적으로 가깝기 때문만은 아니다. 가와고에는 말하자면 살아 있는 도쿄 박물관인 셈이다.

KAWAGOE
ONE DAY TRIP

🍱● 가와고에는 여행자의 취향과 시간에 따라 다양하게 동선을 짤 수 있다. 그중에서 가와고에 주요 명소를 순회하는 버스의 노선을 따라가보면 대체로 가와고에의 과거로부터 현재까지 순차적으로 돌아볼 수 있다. 버스 노선의 첫 번째 명소는 기타인喜多院이다. 830년 창건된 천태종 사찰로 에도 시대 도쿠가와 가문의 비호 아래 크게 번창했다. 3대 쇼군인 도쿠가와 이에미쓰德川家光가 자신이 태어난 에도성의 별전을 이축했을 정도이니 이곳의 위세를 짐작할 만 하다. 이축된 '캬쿠덴客殿'과 '쇼인書院'에는 도쿠가와 가문과 관련된 유물이 다량 전시되어 있다. 오백 나한(고햐쿠라칸五百羅漢)도 반드시 들르는 명소. 500체가 넘는 다양한 표정의 나한(불교의 성자)은 하나하나 구경하는 재미가 있다.

CHAPTER 2 이수영 × 사이타마현 가와고에

🍙 기타인에서 북쪽으로 1km 떨어진 곳에 자리한 가와고에 히카와 신사川越氷川神社는 그보다 더 오래된 1500년 전 창건되었다고 전해진다. 사당에 모신 다섯 신이 가족인 것에서 연유해 예로부터 가정의 원만과 부부의 인연을 축원하는 신사로 유명하다. 서로의 인연은 붉은 실로 연결되어 있다는 설화를 바탕으로 한 다양한 부적은 하나쯤 소장하고 싶을 정도로 예쁘다. 말 그림 뒤에 소원을 적은 목판 '에마絵馬'가 터널을 이루고, 여름에는 소원 쪽지를 단 풍경 2천 개가 장식되어 로맨틱한 장면을 연출하기도 한다.

인연을 맺어주는 신사답게 경내에는 결혼식장도 자리하는데, 신도와 하객이 오가는 회관 1층에 무스비 카페むすびcafé가 있다. '무스비'는 매듭 또는 맺기를 뜻하는 말로 흔히 사람의 인연으로 해석된다. 따뜻한 분위기의 원목 테이블로 꾸며진 카페는 점심 코스 요리(예약제)와 디저트로 유명하다. 계절마다 달라지는 디저트는 먹기 아까울 만큼 예쁘다. 히카와 신사의 부적을 비롯해 행운의 의미를 담은 과자, 엽서, 그릇 등도 판매하고 있으니 이곳에서 기념품을 구입해도 좋다.

CHAPTER 2 이수영 × 사이타마현 가와고에

🍁 이제 가와고에 여행의 하이라이트라 할 수 있는 구라즈쿠리 전통 거리蔵造りの町並み로 발길을 옮겨보자. 에도 시대부터 상업으로 번성했던 약 400m의 거리로 도깨비 기와가 장식된 지붕과 검은 회반죽 벽, 두툼한 여닫이 문의 전통가옥이 늘어서 있다. 1층에는 상가, 2층에는 주거로 된 주상복합 구조이다. 메이지 시대 발생한 대화재 때 흙벽 구조의 집은 피해를 입지 않은 것이 계기가 되어 이후 상인들이 따라 짓게 되었다. 1792년 지어져 대화재 때도 살아남은 오사와 주택大沢家住宅은 가장 오래된 구라즈쿠리로 중후한 멋이 흐른다.

CHAPTER 2 이수영 × 사이타마현 가와고에

🎆 매년 10월에는 에도 시대부터 내려온 '가와고에 히카와 마츠리川越氷川祭' 축제가 열리는데, 예스러운 거리 풍경과 어우러져 더욱 빛을 발한다. 신화나 영웅 이야기 속 인물을 테마로 한 정교한 인형을 호화롭게 장식된 수레 '다시山車'의 지붕에 태우고 구라즈쿠리 거리를 중심으로 온 마을을 누빈다. 평상시 가와고에 축제 회관川越まつり会館에서 축제에 쓰이는 다시 2기를 볼 수 있고 영상과 사진을 통해 축제의 열기를 간접적으로 느껴볼 수 있다.

마을 곳곳에 평소 이 다시를 보관하는 높은 층고의 흰 창고가 있으니 눈 여겨 볼 것. 축제 회관에서 뒷길로 빠지면 쇼와 시대 분위기가 물씬 풍기는 가시야 요코초 菓子屋横丁가 나타난다. 좁은 길 양 옆으로 20여 곳의 과자 가게가 오밀조밀 모여 있는 골목으로 친근하고 소박한 막과자가 가판대에 가득 진열되어 있다. 몇 대째 대를 이어온 과자 점포부터 구멍 가게의 알록달록한 사탕과 젤리, 옛날 방식대로 손수 과자를 굽는 모습까지 구경하다 보면 어느새 양손 가득 과자 봉지가 들려 있게 된다.

🏮 다시 구라즈쿠리 전통 거리로 돌아와서 좀 더 내려오면 구라즈쿠리의 심볼이자 관광객이 가장 많이 몰리는 도키노카네時の鐘 종루를 발견할 수 있다. 좁은 길 양 옆으로 구라즈쿠리가 늘어서 있어 더욱 드라마틱한 풍경이 연출되다 보니 기념 촬영 장소로 유명하다. 또 길게 자른 고구마를 튀겨 마치 꽃다발 같은 고구마칩과 다양한 맛의 쫄깃쫄깃한 당고, 달콤하고 부드러운 소프트 아이스크림 등 먹거리 천국이기도 하다.

이 도키노카네 종루 바로 옆에 2018년 3월 스타벅스 가와고에카네츠키도리점Starbucks 川越鐘つき通り店가 문을 열었다. 구라즈쿠리 건축 양식을 그대로 재현한 공간과 삼나무를 이용한 현대적인 스타일이 더해져 옛 거리의 새 명물로 떠오르고 있다.

CHAPTER 2 이수영 × 사이타마현 가와고에

🍊 이번에는 다이쇼 시대로 여행을 떠나보자. 일본에서 민주주의와 자유주의가 막 피어나던 이 시기는 짧게 불꽃처럼 사그라졌지만 독특한 분위기의 서양식 건축물과 예술 양식을 남겼다. 다이쇼 로만 거리 大正浪漫夢通り를 따라 르네상스 양식이나 프랑스 고전 건축을 본 따 지은 벽돌 건물이 드문드문 자리한다. 1807년 문을 연 200년 역사의 장어 요리 전문점 오가기쿠 小川菊 또한 다이쇼 초기 건축물이다. 비싼 값을 톡톡히 하는 장어 요리를 맛보기 위해 손님들은 몇 시간의 대기도 마다하지 않는다.

전통 거리가 거의 끝날 즈음 가와고에 특산품 매장 고에도쿠라리 小江戸蔵里가 보인다. 메이지 시대 창업해 100년 영업했던 옛 양조장의 창고를 개조한 것으로, 가와고에 특산물인 고구마를 이용한 과자나 전통 공예품을 판매하는 '메이지 소코', 지역 재료로 만든 정갈한 음식을 즐길 수 있는 '다이쇼 소코', 사이타마현 양조장 35곳의 사케를 시음할 수 있는 코너를 비롯해 간장, 된장을 구입할 수 있는 '쇼와 소코' 등으로 이루어져 가와고에 맛과 멋을 한자리에서 즐길 수 있다. 참고로 각 창고의 이름은 지어진 시기를 의미한다.

도치기현 닛코
기누가와 온천

栃木県 日光
鬼怒川温泉

유네스코 세계문화유산
도쿠가와 이에야스*
도쿄 근교 온천

☑ **추천 대상**
역사 건축물에 관심이 많은 사람

☑ **추천 계절**
한겨울을 제외한 봄부터 가을까지

☑ **가는 방법**
(자세한 내용은 p.228)
도부 철도 도부닛코역 또는
기누가와역 하차
JR닛코역 하차

☑ **한마디 더**
우리에겐 상대적으로 덜 알려졌지만 닛코는 엄청난 인기 관광지다. 주말과 연휴는 되도록 피할 것. 단풍철에도 일본 전역에서 관광객이 몰리는데, 풍경 하나만은 정말 끝내준다.

> ***도쿠가와 이에야스德川家康는?**
> 오다 노부나가織田信長·도요토미 히데요시豊臣秀吉와 함께 일본 센고쿠 시대를 풍미한 무장이자 천하를 통일한 최후의 승리자. 흔히 '오다 노부나가가 반죽하고 도요토미 히데요시가 만든 천하라는 떡을 도쿠가와 이에야스가 힘 안들이고 먹었다'는 말로 이들의 관계를 설명하기도 한다. 이들의 상반된 성향에 대해서는 '울지 않는 새를 울게 하는 법'에 관한 비유가 유명한데, 오다 노부나가는 울지 않는 새는 필요 없으니 죽여 버리고, 도요토미 히데요시는 어떻게 해서든 울게 만들고 도쿠가와 이에야스는 새가 울 때까지 기다린다고 했다. 결국 때를 기다린 도쿠가와 이에야스 이후 일본은 260년간 평화로운 에도 시대로 이어진다.

천하 통일의 영광이 깃든 신사와 사찰

돌멩이 하나에도 폭포나 나무, 강 등 모든 것에 신이 깃들어 있다고 믿었던 고대 일본인은 사람이 죽어서도 신이 된다고 여겼다. '신도神道'라 일컬어지는 일본 고유의 토속신앙은 신사라는 건축물을 통해 구체화된다. 그리고 현세에서의 업적이 클수록 화려하고 규모가 큰 신사가 지어졌다. 16세기 혼돈의 센고쿠 시대를 통일하고 이후 260년간 지속된 에도 시대의 기틀을 닦은 초대 쇼군 도쿠가와 이에야스의 신사 '도쇼구'가 대표적이다. 현재 130여 개소의 도쇼구가 일본 전역에 점재하고 있는데, 그중 도치기현의 닛코 도쇼구는 단연 첫 손에 꼽힌다. '닛코를 보지 않고는 좋음을 논하지 말라'는 옛 말이 있을 정도로 당대 최고의 건축과 예술이 집약된 도쇼구는 호화 찬란함의 극치를 보여준다. 여백을 찾기 어려울 정도로 각종 문양과 그림이 정교하게 새겨진 건축은 그 자체로 하나의 예술 조각품을 방불케 한다. 이런 건축이 하나도 아니고 수십 동이 연달아 나타나니 눈이 어지러울 지경이다. 더 놀라운 것은 수백 년 전의 목조 건축물이 거의 원형에 가깝게 보존, 관리되고 있다는 점이다. 역사의 승리자는 죽어서 이름만 남기는 것은 아니다.

NIKKO·KINUKAWA
ONE DAY TRIP

🌸 도쿄에서 북쪽으로 130km 정도 떨어진 닛코는 화산과 고원호수, 깊은 계곡과 온천으로 이루어진 고즈넉하고 아름다운 풍경의 산골마을이다. 인구는 채 9만 명이 되지 않지만 연간 국내외 관광객이 수백 만 명에 달한다. 이곳에 도쿠가와 이에야스의 영묘이자 유네스코 세계문화유산으로 지정된 사찰과 신사가 자리하고 있기 때문이다. 닛코의 보물은 단연 도쇼구다. 도부닛코역 또는 JR닛코역에서 서북쪽으로 약 2km 떨어진 곳에 도쇼구가 자리한다. 도로를 따라 조성된 상점가를 지나서 기누가와강을 건넌 후 오르막길의 삼나무 숲이 짙어지면 도쇼구에 가까워졌다는 뜻이다.

🌸 닛코 도쇼구日光東照宮는 에도 시대 초대 쇼군인 도쿠가와 이에야스의 사당으로 1617년 건립되었다. 할아버지를 지극히 존경했던 3대 쇼군인 도쿠가와 이에미쓰가 사후 20주기에 맞춰 약 2년동안 크게 확충하였다. 경내에는 8동의 국보와 34동의 국가중요문화재를 포함해 55동의 건조물이 자리하고 있으며, 건조물마다 옻칠과 극채색을 구사한 호화찬란한 조각이 단연 압권이다. 그중 백미는 '태양의 문'이란 뜻의 요메이몬陽明門이다. 금과 하얀색의 대비가 아름다운 문으로 사자, 기린, 용 등 500여 점의 조각과 중국 약초 및 식물의 이미지가 문의 표면을 뒤덮고 있다. 온종일 보고 있어도 질리지 않는다는 의미의 '히구라시몬日暮門(날이 저무는 문)'이라 불리는 이유를 알 것 같다.

각 건물에는 다양한 동물 그림이나 신화 속 존재가 새겨져 있는데 그중 '신큐사神厩舎'의 원숭이 조각상이 유명하다. '보지도, 듣지도, 말하지도 말라'는 처세술의 의미를 가진 '세 마리 원숭이(산자루三猿)'를 비롯해 총 16마리의 원숭이 조각이 사람의 일생을 나타내고 있다. '가미진코上神庫' 측면에 새겨진 '상상의 코끼리' 상은 이름 대로 실제 코끼리를 본 적 없이 상상으로만 그려져 조금 기괴하고 재미 있게 표현되었다. '야쿠시도薬師堂(또는 혼지도本地堂)'에는 거대한 용이 그려진 천정화를 보기 위해 많은 사람들이 몰려든다. 이곳에서 크게 박수를 치면 반향이 일어 마치 용이 울고 있는 것처럼 들린다고 한다. 도쇼구 가장 깊은 곳에 도쿠가와 이에야스의 유해가 안치된 '오쿠노미야奥宮'가 자리한다. 이곳을 향하는 문에는 '잠자는 고양이(네무리 네코眠り猫)'가 새겨져 있다. 도쿠가와 이에야스는 죽은 후 닛코에 묻혀 평화를 지키는 신이 되길 원했다 한다. 고양이가 아무 걱정 없이 잠들 정도로 평화로운 시대, 잠자는 고양이가 도쇼구의 상징인 이유다.

🔴 도쇼구에서 나와서 옆으로 석등이 줄이어 있는 오솔길을 따라 가면 붉은 색 단청이 나무숲과 어우러진 후타라산 신사(日光二荒山神社)가 나타난다. 현기증이 일 정도로 화려한 건축물을 본 후라서 인지 유독 고즈넉하다. 767년 나라 시대 고승인 쇼도쇼닌(勝道上人)이 창건하였고 도쇼구의 건립과 함께 시세가 확충되었다. 닛코의 세 산(산잔日光三山)을 제신으로 하며 일본 산악 신앙인 슈겐도(修驗道)의 영지로 숭배되었다. 본전은 이곳에 있지만 그 밖의 건조물이 주젠지 호수, 난타이산 정상 등 닛코 일대 곳곳에 흩어져 있어서 전체 경내 면적이 3,400ha에 이른다.

🔴 닛코 세계문화유산 지구의 시작점이자 심볼인 주황색의 목조 교각 신쿄 神橋 역시 후타라산 신사의 부속 시설이다. 나라 시대 말 건립되었으며 지금과 같은 주황색이 칠해진 것은 도쇼구의 재건 공사 때이다. 현재는 교각으로서 기능하지는 않고 기념 촬영 장소로 활용된다. 신록의 계절이나 단풍철에 교각과 어우러진 풍경이 특히 아름답다.

🍊 옛 길을 따라 내려오면 과거 일본 황실의 별장이 있던 동네가 나오는데 그 길목에 고민가 카페 닛코 코히日光珈琲가 자리한다. 예전에는 마차가 다닐 정도로 넓은 길이었지만 그 옆에 자동차 도로가 생긴 후론 한적하고 여유로운 분위기가 감돈다. 다이쇼 시대의 상가를 개조한 공간은 중후한 멋이 흐르고 사계절 아름다운 안뜰을 품고 있다. 자가 배전한 스페셜티 커피는 첫 맛은 깜짝 놀랄 정도로 쓰지만 마실 수록 깔끔한 뒷맛이 매력이다. 점심 때는 카레와 오므라이스를 즐길 수 있고 수제 디저트와 여름 한정 과일 빙수가 유명하다.

일본의 신사와 사찰이 있는 지역은 예로부터 두부 요리가 발달했는데, 닛코에서는 두유를 끓일 때 표면에 만들어지는 하얀 막인 '유바'가 유명하다. 이 유바는 라멘이나 우동 등에 곁들이거나 각종 요리에 재료로 쓰기도 한다. 얇은 유바를 겹겹이 쌓아 부들부들하면서도 쫄깃한 맛이 일품이다. 도부닛코역으로 향하는 상점가에서 유바 전문점을 쉽게 발견할 수 있다.

● 닛코에서 기누가와 온천을 가기 위해서는 시모이마이치역에서 환승 해야 하는데 역 내에 최근 증기기관차 전시관·전차대 광장下今市駅ＳＬ展示館·転車台広場이 조성되어 지루하지 않게 열차를 기다릴 수 있게 되었다. 주말 한정으로 운행되는 도부 철도의 증기기관차 'SL다이주大樹'를 비롯해 디젤 기관차와 전차대가 전시 중이다. 전차대는 기관차를 회전시키는 설비로 차량의 방향이 정해져 있는 증기기관차에는 필수 시설. 주말에 SL다이주가 시모이마이치역과 기누가와온센역을 3회 왕복 운행하는데 이 시간에 맞춰 전차대가 작동하는 모습을 볼 수 있다.

🍙 기누가와강 상류의 깊고 계곡을 사이에 두고 자리한 기누가와 온천은 도쿄의 대표적인 근교 온천 마을이다. 산으로 둘러싸인 마을에는 상쾌한 바람이 불고 오묘한 물빛의 강에선 뱃놀이를 즐길 수 있다. 피부에 자극이 적고 부드러운 온천은 남녀노소 누구나 부담 없이 입욕할 수 있다. 300년 전 닛코를 참배하러 온 다이묘나 승려들만 입욕이 허가된 프라이빗한 온천 마을로 19세기 후반이 되어서야 일반에 공개되었다. 고도 경제 성장기에는 료칸과 온천 호텔이 속속 들어서며 손꼽히는 대형 온천지로 발전했으나, 버블 경제 붕괴 이후 큰 타격을 입기도 했다. 최근 역사를 비롯해 마을을 리뉴얼하고 객실 노천탕을 확충하는 등 개별 여행자에 대응하며 서서히 변화가 일고 있다.

당일치기로 기누가와 온천을 즐길 요량이라면 이곳을 가보자. 계곡을 바라보며 족욕할 수 있는 무료 시설 기누코노유鬼怒子の湯은 역에서 좀 떨어져 있어서 찾아가는 길이 수고스럽지만 따듯한 온천 물에 발을 담그고 바라보는 경치는 충분한 보상이 된다. 기누가와 공원 내에는 공공 온천장인 이와부로岩風呂가 자리한다. 관광객보다는 지역 주민이 즐겨 찾는 시설이라서 딱 동네 목욕탕 수준이지만, 넓은 노천탕에서 피로를 풀기에는 부족함이 없다.

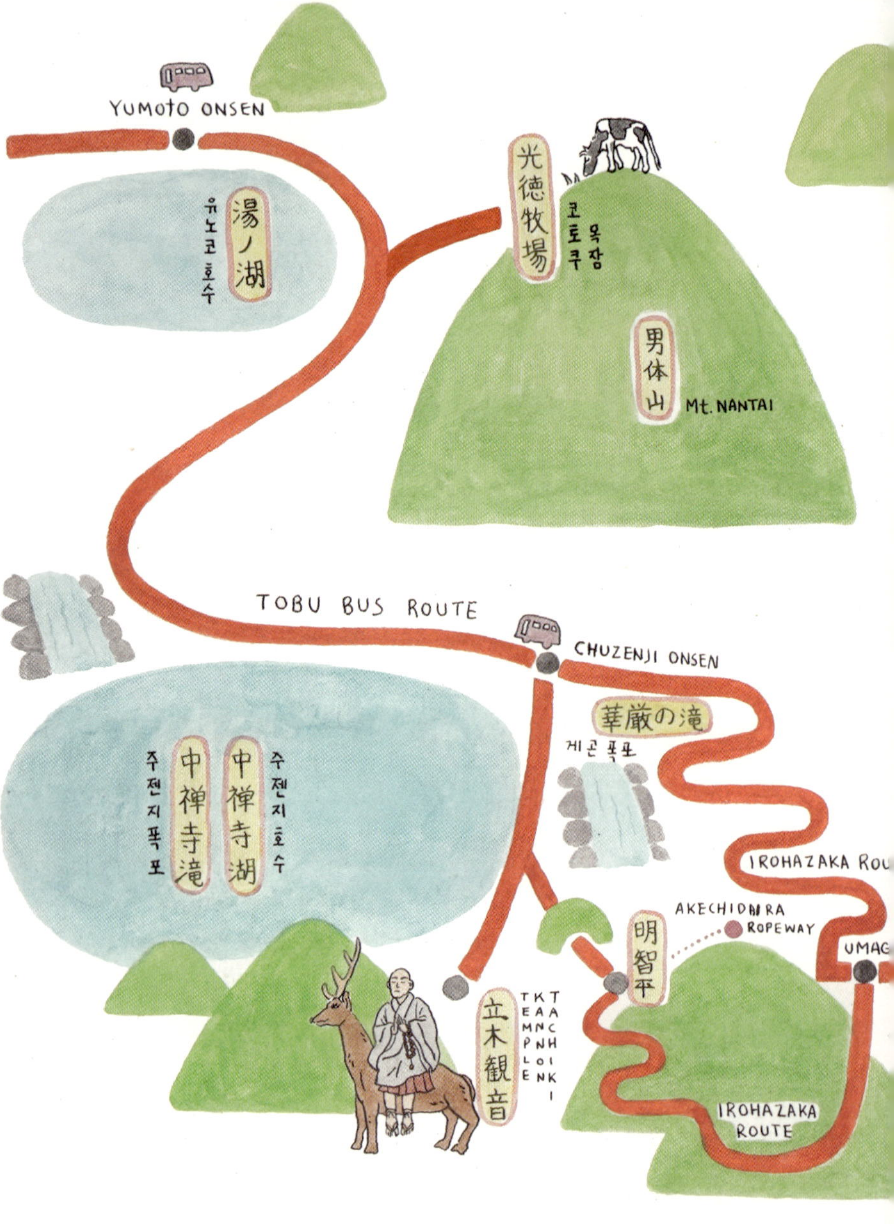
YUMOTO ONSEN
湯ノ湖
유노코 호수
光徳牧場
코토쿠 목장
男体山
Mt. NANTAI
TOBU BUS ROUTE
CHUZENJI ONSEN
華厳の滝
게곤 폭포
中禅寺湖
주젠지 호수
中禅寺滝
주젠지 폭포
IROHAZAKA ROU
AKECHIDAIRA
ROPEWAY
明智平
UMAG
立木観音
TACHIKI
KANNON
TEMPLE
IROHAZAKA
ROUTE

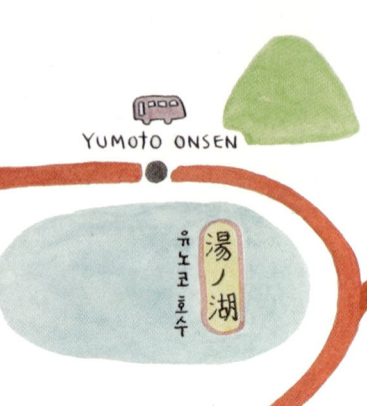

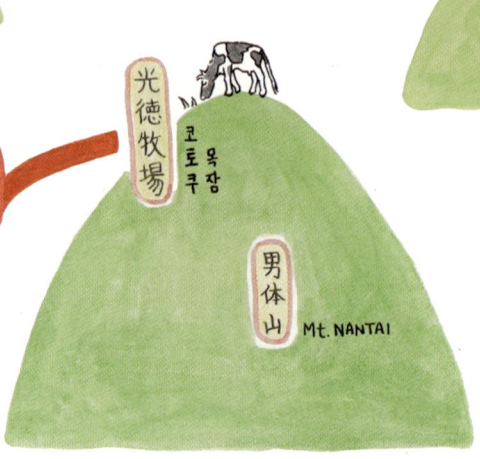

군마현
구사쓰 온천

群馬県草津温泉

온천 여행
유황 온천
온천 순례(유메구리)

☑ **추천 대상**
천연 온천의 진수를 맛보고 싶은 사람

☑ **추천 계절**
으슬으슬 추워지는 가을부터 겨울까지

☑ **가는 방법**
(자세한 내용은 p.230 참고)
JR나가노하라쿠사쓰구치역에서 노선 버스로 약 25분 소요.

☑ **한마디 더**
구사쓰 온천은 강한 산성 유황 온천이다. 온도도 높은 데다가 산성이라 피부가 약하거나 예민한 경우에는 피부를 긁거나 자극을 최소화하고 장시간의 입욕을 삼가하는 것이 좋다.

*유메구리 湯めぐり란?

수질과 분위기가 다른 여러 탕을 돌며 즐기는 온천 순례를 뜻한다. 구사쓰 온천에는 누구나 이용할 수 있는 공공 온천이 여럿 자리한다. 일반 관광객을 대상으로 한 세 가지 테마의 공공 온천 시설이 있는가 하면, 지역 주민이 일상적으로 이용하는 무료 공동 목욕탕도 있고, 간단하게 족욕을 할 수 있는 시설도 곳곳에 있다. 구사쓰 온천에서 흰 수건을 목에 두르고 온천 순례를 하는 모습을 흔하게 볼 수 있다. 단, 온천 입욕은 하루에 3회까지가 적당하다. 그 이상 하면 현기증이나 탈수 증상을 유발할 수도 있다. 특히 구사쓰 온천은 수질이 워낙 센 편이라 더 조심해야 한다.

오래된 온천 마을의 풍경

일본의 온천 여행 하면 정성을 다 하는 서비스와 잘 차려진 요리, 다다미 방의 두툼한 이불 그리고 하얀 김이 모락모락 피어 오르는 노천탕이 떠오른다. 이를 테면 고급스러운 휴가지의 이미지를 연상하는 것이다. 하지만 온천 여행의 시작은 휴가가 아니라 휴양이었다. 의료 기술이 발달하기 전, 질병의 고통을 조금이라도 덜기 위해 찾아가는 곳이 온천이었던 것이다. 군마현 구비구비 산골짜기의 구사쓰 온천까지 찾아오는 이들 또한 다르지 않았다. 예로부터 '상사병은 의사도 못 고치고 구사쓰 온천도 못 고친다'는 속담이 있을 정도로 탁월한 수질을 자랑하는 구사쓰 온천은 전국 각지에서 수많은 사람들이 찾아온 보양 온천의 대명사다. 그러니 이곳에서 놓치지 말아야 할 단 하나는 바로 온천 물이다. 늘 자욱한 흰 연기가 뒤덮여 있을 정도로 고온의 천연 온천이 폭포수처럼 쏟아지는 풍경과 전통적인 방식 그대로 온천을 이용하는 모습은 그 자체로 진기한 볼거리다. 뽀얀 강산성 유황온천에 몸을 담그니 찌릿할 정도로 살 속을 파고들며 없던 병도 나을 것만 같다.

KUSATSU ONSEN
ONE DAY TRIP

🍊 구사쓰 온천 터미널에서 내리면 폴폴 풍겨 오는 유황 냄새를 따라 마을 안으로 들어간다. 나란히 놓인 7개의 노송 나무통에서 온천수가 흐르는 모습이 마치 밭고랑을 연상시키는 유바타케湯畑는 구사쓰 온천의 상징과도 같다. 뜨거운 천연 온천에 찬물을 섞거나 기계적인 장치의 힘을 빌려 온도를 낮추는 대신, 긴 통에 흘려 보내 자연적으로 식히기 위해 고안되었다. 그 덕분에 구사쓰 온천의 수온은 대체로 높고 몸 속의 열기도 오래도록 지속된다. 유바다케를 중심으로 한 마을은 넓지 않지만 여러 가지 온천 체험을 하려면 시간이 촉박하다.

구사쓰 온천에는 각기 다른 특색과 세련된 분위기를 뽐내는 세 곳의 온천 시설이 자리한다. 세 온천 시설을 이용할 수 있는 티켓인 '산토메구리테가타三湯めぐり手形'을 구입하면 원래 요금보다 저렴한 1,600엔에 모두 즐길 수 있다. 유바타케 바로 앞에 자리한 고자노유御座之湯는 온천탕과 휴게 공간을 갖춘 곳이다. 새로 지어진 목조 건물은 깔끔하면서도 아늑하고, 높은 목조 지붕 덕분에 탕이 실내인데도 답답하지 않다.

온천을 하고 난 후 유바타케가 내려다 보이는 2층 다다미방에서 충분히 쉬었다 갈 수 있다. 이곳에서 색색의 유카타를 대여해 밖에 입고 돌아다닐 수 있어서 당일치기 온천 기분을 제대로 낼 수 있다.

🍁● 구사쓰 온천 중심가에서 빠져 나와 서쪽의 숲 속 공원으로 가면 가장 깊숙한 곳에 주변 숲과 어우러진 단아한 목 구조의 사이노카와라 노천탕西の河原露天風을 발견할 수 있다. 남녀 노천탕을 합해 500m²에 달하는 광활한 바위 노천탕은 전설 속 선녀탕을 연상케 할 정도로 비현실적이다. 나무 울타리가 꽤 높게 둘러쳐져 있지만 워낙 넓다 보니 어디서나 시야가 탁 트여 마치 자연 속에 헐벗고 있는 듯한 해방감마저 느낄 수 있다. 연한 녹색을 띠는 투명한 온천으로 마을 중심가와는 다른 수질을 즐길 수 있다. 이곳은 세 온천 시설 중 유일하게 비누칠이 금지되어 있기 때문에 다른 두 곳에서 먼저 씻고 이용하는 것이 좋다.

🏮 유바타케 동쪽에 자리한 오타키노유大滝乃湯는 서로
다른 온도의 탕에서 온도를 점점 높여 가며 몸을 적응시키는
'아와세유合わせ湯' 입욕법을 체험할 수 있는 시설이다. 남탕은
미음자, 여탕은 일자로 배치되어 있고 온도가 높은 쪽이 높은 곳에
위치하도록 계단식으로 설계되어 있다. 가장 낮은 곳에 있는 탕이
38도 정도, 가장 높은 탕이 45~46도이며 가장 낮은 쪽부터 약
1분 정도씩 몸을 담갔다가 뜨거운 쪽으로 이동하면 된다. 단계가
올라갈수록 1분이라는 시간이 점점 만만치 않아지니 자신의 몸
상태를 잘 살펴가며 즐기도록 하자. 가장 현대적이고 규모도 큰
시설로 널찍한 실내탕과 온천수 폭포가 떨어지는 노천탕도 있다.

🌸 다이쇼 스타일의 건물로 2015년에 새로 단장한 전통문화체험관 네쓰노유 熱乃湯는 '유모미 ゆもみ'를 활용한 전통 춤 공연을 볼 수 있는 곳이다. 유모미란 고온의 온천수를 적정 온도로 식히기 위해 넓적한 노로 휘젓는 구사쓰 온천만의 전통방식이다. 구사쓰 온천의 마스코트가 바로 이 유모미 복장을 하고 있다. 전통 의상을 입은 공연자가 구사쓰 전통 민요에 맞춰 춤 공연과 함께 탕에 노를 젓거나 튕겨내는 동작을 선보인다. 공연이 끝난 후 선착순이긴 하지만 관람객이 체험해볼 수 있다.

🍊 기회가 된다면 지역 주민이 이용하는 무료 공공 목욕탕 지요노유千代の湯
·지조노유地蔵の湯·시라하타노유白旗の湯도 이용해보자. 탈의실도 변변치 않고
크지 않은 탕뿐이지만 온천 물만큼은 제대로다. 또한 지요노유에서는 구사쓰
전통 입욕법인 '지칸유時間湯'를 체험할 수 있다. 지칸유는 에도 시대부터
내려온 온천 요법으로, 아주 뜨거운 온천에 3분 내외로 단시간 입욕하며
질병을 다스리는 것이다. 46~48도인 고온의 온천에서 입욕하는 지칸유는
반드시 전문가의 도움이 필요하다. 온천가를 거닐다 쉴 수 있는 족탕이
세 군데 마련되어 있는데, 유바타케 바로 옆 족탕이 가장 인기가 좋다.

🍡 온천 후 허기를 달래주는 간식인 온센 만주温泉饅頭는 구사쓰 온천의 명물이다. 온센 만주는 온천 마을에서 만들어 파는 달콤한 팥 찐빵을 통칭하는 말로, 구사쓰에서는 흑설탕 반죽의 갈색 만주가 특히 유명하다. 고급스러운 맛과 분위기의 혼케 치치야本家ちちや, 갈색 만주의 원조 마츠무라 만주松むら饅頭, 두 할아버지의 무료 시식 만주와 차로 유명한 초주텐長寿店 등 다양하게 즐길 수 있다. 온천가의 기념품 상점 유노카 혼포湯の香本舗에서 구사쓰 온천 한정 유케무리 사이다湯けむりサイダー를 구입해서 함께 마시면 더할 나위 없다. 이곳에서는 온천을 이용한 마스크팩, 미스트, 입욕제 등 미용 제품도 판매한다.

도쿄도
구라마에

東京都蔵前

도매상 거리
핸드 메이드
뒷골목 산책
도쿄의 시타마치*

☑ **추천 대상**
손으로 만드는 것을 좋아하는 사람

☑ **추천 계절**
사계절

☑ **가는 방법**
도에이 지하철 아사쿠사선/오에도선 구라마에역
JR 주오선·도쿄 메트로 아사쿠사선 아사쿠사바시역

☑ **한마디 더**
1년에 한 번 구라마에 공방 축제 '모노마치 モノマチ(monomachi.com)'가, 매달 플리 마켓 '츠키이치 구라마에月イチ蔵前(monthly-kuramae.com)'가 열리니 관심 있다면 홈페이지를 들어가보자.

> **＊시타마치下町는?**
> 에도성이 있던 고지대의 업타운(야마노테山の手)과 대비되는 말로, 저지대에 조성된 서민들이 사는 상업지구를 일컫는다. 이곳을 중심으로 전통 공예 기술이 전승되고 에도 시대 서민 문화가 꽃을 피운다. 도시가 발달하고 행정구역이 변하면서 야마노테와 시타마치의 경계는 흐릿해졌지만, 그 분위기가 일부 동네와 거리에 남 았는데 오카치마치, 구라마에, 아사쿠사로 이어지는 다이토구台東区 남부가 대표적이다. 이곳에서는 대를 이어온 수공예 장인과 서민적인 상점가, 식당 등 시타마치 특유의 정취를 느낄 수 있다.

장인의 숨결이 살아 있는 수공예 골목

작은 핀셋 하나에도 완성도와 정교함을 더하는 일본의 장인 정신은 '모노즈쿠리 ものづくり'라는 말로 대변된다. 물건을 뜻하는 '모노'와 만든다는 의미의 '즈쿠리'가 합쳐져 '혼신의 힘을 쏟아 최고의 제품을 만든다'는 일본의 장인 정신을 일컫는 말이다. 에도 시대 전통 장인이 모여 살던 시타마치이자 메이지 시대 장난감 도매상 거리가 조성되었던 구라마에는 예로부터 지금까지 손재주와 기술이 집결된 소상공인의 동네다. 평생 한 분야에 매진하는 장인의 숨결을 쫓아 젊은 디자이너와 수공예품 생산자가 2000년대부터 구라마에에 하나 둘 모여들게 되면서 '도쿄의 브루클린'이라는 별칭이 생기기도 했다. 동네 골목 여기 저기 공방과 가게가 흩어져 있는 구라마에에는 손으로 만든 물건의 가치를 아는 여행자에겐 보물섬 같은 곳이다. 제대로 만든 물건을 소유하고 싶은 욕구를 충족시켜주고 자신의 개성을 살려 손수 만들어보거나 주문 제작할 수도 있다. 단순한 소모품이 아니라 생산자와 교감하는 물건을 찾는 이들의 발길이 오늘도 구라마에의 뒷골목으로 향한다.

KURAMAE
ONE DAY TRIP

🔴 아사쿠사선 구라마에역에서 내려 스미다가와강을 등지고 바둑판 모양의 골목 안으로 들어간다. 주택과 상업 시설이 혼재되어 있는 동네는 1층에 창고나 도매 상점, 작은 공방들이 띄엄띄엄 눈에 띈다. 이 거리에 필기구를 좋아하는 사람이라면 한번쯤 들어봤을 가키모리カキモリ가 자리한다. 가키모리는 한마디로 '잘 쓰는 사람들'을 위한 문구점이다. 수십 종의 만년필을 비롯해 펜과 노트, 메모지, 마스킹 테이프 등 다양한 종류의 문구가 가득하다. 이곳에서는 특히 오더 메이드 노트가 인기다. 표지와 속지, 링 등의 부자재를 고르면 점원이 즉석에서 노트를 제본해준다. 20분 정도면 세상에서 단 하나밖에 없는 나만의 노트를 손에 넣을 수 있는 것이다. 가키모리에서 7분 정도 떨어진 별관 잉크 스탠드inkstand에서는 나만의 잉크를 제작할 수도 있다. 흡사 연구실 같은 분위기의 매장에서 잉크를 한 방울씩 섞어가며 원하는 색을 찾으면 직원이 그 비율에 맞춰 잉크를 제작해준다.

가키모리는 원래 잉크 스탠드와 나란히 있었는데 2017년 안쪽 골목으로 확장 이전했다. 도매 상가의 분위기가 더 확연하게 느껴지는 이 골목에 생활용품 셀렉트 숍 슈로SyuRo가 자리한다. 인테리어 디자이너인 주인장이 일상에서 오래 쓸수록 좋은 물건을 선보이고 있다. 가구, 도자기, 패브릭, 가죽 가방, 의류 등 의식주를 총망라하는 여러 물건은 일상에 멋을 더한다. 황동, 구리, 주석으로 만든 케이스는 이곳의 오리지널 제품으로 차나 식료품 등을 담을 수 있는데 견고하면서도 고급스럽다.

🎠 대로변의 유리 쇼룸에 형형색색의 아름다운 리본이 늘어진 모쿠바木馬는 이 거리의 정체성을 대변하는 곳이다. 1967년 창업한 이래 샤넬, 루이비통, 돌체앤가바나 등과 같은 명품 브랜드도 사용하는 세계적 품질의 리본을 만들고 있다. 코튼, 실크, 레이스, 벨벳 등 다양한 소재와 색감의 리본은 오직 여기서만 살 수 있는 것들이다. 가까운 곳에 매장 두 곳이 있으니 모두 둘러보자. 리본은 길이 단위로 잘라 판매한다.

🍫🔴 샌프란시스코의 수제 초콜릿 전문점 단데라이온 초콜렛Dandelion Chocolate이 초콜릿 공방을 갖춘 일본 1호점을 구라마에에 낸 것도 일맥상통한다. 달콤한 초콜릿 냄새가 폴폴 풍기는 1층의 초콜릿 팩토리는 수작업 하는 모습을 볼 수 있고, 2층의 카페 한쪽에서는 초콜릿 만들기 워크숍도 진행한다. 이곳의 시그니처인 판 초콜릿은 카카오 함량에 따라 시식해보고 자신의 입맛에 맞게 고를 수 있다. 초콜릿 음료는 많이 달지 않고 진한 풍미가 혀끝에서 오래 남는다.

일본에서도 녹차 생산지로 첫 손에 꼽는 시즈오카의 100년 전통 다원의 차를 선보이는 나카무라 티 라이프Nakamura Tea Life도 구라마에 골목에 문을 열었다. 가게 마크가 그려진 파란 노렌을 걷고 들어가면 차의 고소한 향내가 진동을 한다. 30년 전부터 무농약 유기 재배로 수확한 오가닉 차는 나카무라 브랜드를 대표한다. 라벨에는 수확 시기는 물론 어느 밭에서 수확했는지 까지 상세히 적혀 있다. 차의 종류도 다양하고 패키지도 세련돼 선물로도 안성맞춤이다.

🍘 참신한 아이디어가 넘치는 디자인 생활용품점 콘센트KONCENT도 빼놓을 수 없는 곳이다. 2012년 아사쿠사선 구라마에역 출입구 바로 옆에 본점으로 문을 열었다. '사용하는 즐거움'이란 테마로 젖은 면이 안쪽으로 접히는 우산 같은 기발한 아이디어의 제품을 선보인다. 오리지널 브랜드 '플러스 디+d'의 제품을 비롯해 디자이너의 제품을 셀렉트한 콘센트는 숍이면서 갤러리 같기도 하다. 매장 안에는 구라마에의 인기 커피점 솔스 커피SOL'S COFFEE도 병설하고 있다.

패브릭을 소재로 하지만 전혀 다른 분위기의 숍을 찾아가는 재미도 있다. 천연 염색 패브릭 브랜드 마이토MAITO 蔵前本店는 수공예의 멋을 느낄 수 있는 곳이다. 벚꽃의 부드러운 핑크, 뽕나무의 깊은 노란색 등 자연의 색감을 살린 니트 의류와 면 스카프, 캔버스 가방 등은 볼수록 고급스럽다. 반면, 오에도선 아사쿠사역 쪽에 자리한 인 블룸印花楽 in Blooom 蔵前店은 대만 디자이너가 설립한 프린트 브랜드의 도쿄 직영 1호점이다. 귀엽고 경쾌한 패턴 디자인의 프린트 원단을 이용해 만든 보자기, 가방, 파우치, 양말 등은 절로 미소가 지어진다.

🍱 구라마에의 서민적인 분위기에는 라멘 집과 돈카츠 가게가 잘 어울린다. 도매 상점과 공방 사이에 자리한 라멘 카이らーめん 改는 시오(소금) 라멘으로 유명하다. 조개로 육수를 낸 시원한 국물과 적당한 소금 간, 그리고 약간 굵은 꼬불꼬불 탱탱한 면발이 삼박자를 이룬다. 오픈 키친과 마주보는 열 석 남짓한 바 좌석이 전부지만 라멘 집답게 회전율이 좋아 금세 자리가 난다.

스미다가와강 쪽 골목에 자리한 누이 호스텔 & 바 라운지Nui. HOSTEL & BAR LOUNGE는 구라마에의 매력을 널리 알린 일등공신이다. 게스트하우스에서 묵는 전 세계의 여행자와 함께 이용하는 카페는 독특하면서도 따듯한 분위기가 흐른다. 매달 첫째 주 토요일 구라마에의 유니크한 상점들이 참여하는 플리 마켓 '츠키이치 구라마에月イチ蔵前'가 이 앞에서 열리는 등 구라마에 유행 발신지로 역할을 톡톡히 한다.

FUTABA
酒のフタバ

CAMERA CAFE

らーめん改 KAI RAMEN

NAKAMURA TEA LIFE STORE

MAITO 真糸

FamilyMart

木馬ショールーム
MOKUBA SHOWROOM

ダンデライオン
DANDELION CHOCOLATE

KAKIMORI

SYURO

CHAPTER

03

일상의 소소한 행복

김수수

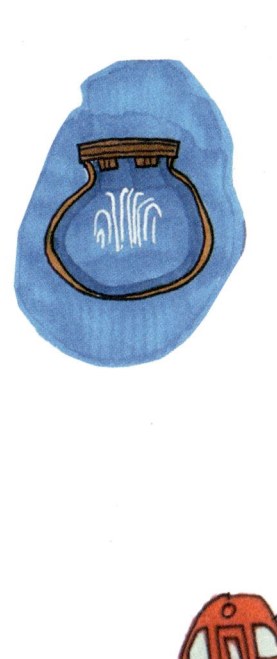

이바라키현 국영 히타치 해변 공원 茨城県国営日立海浜公園

꽃구경, 네모필라, 코키아, 대관람차, 가족 여행

꽃이 피는 그 언덕

도쿄 도심에서 북동쪽으로 120km 떨어진 이바라키현 히타치 해변 공원은 도쿄 시민의 근교 꽃놀이 관광지로 유명하다. 원래 비행장이 있던 광활한 부지에 1991년 개원한 국영 공원으로 총 면적 350ha 중 약 200ha가 일반 방문객에게 개방되어 있다. 드넓은 잔디밭과 울창한 소나무 숲 사이로 사시사철 아름다운 꽃 정원이 조성되어 일명 '꽃의 테마파크'로 불린다. 특히 봄의 네모필라와 가을의 코키아가 유명하고 그 밖에 2~3월에는 수선화와 유채꽃, 4월에는 튤립, 5~6월에는 양귀비와 장미, 7월에 라벤더, 8월에는 해바라기, 9~10월 코스모스 등 계절마다 각양각색의 꽃이 공원 곳곳에 만발한다.

도쿄 내에 꽃 피는 공원이 없는 것도 아니고 아주 희귀한 꽃도 아니지만 이 공원의 특별한 점은 규모에 있다. 10송이 장미와 1000송이 장미의 감동이 다르듯, 끝도 보이지 않을 정도로 넓은 부지를 가득 메운 형형색색의 꽃은 한마디로 압도적이다. 네모필라와 코키아 시즌에는 일본 전역에서는 물론 해외에서도 수많은 관광객이 몰려 들어 어느 정도 불편을 감수해야 하지만 이만한 꽃놀이라면 그럴만한 가치가 있다.

추천 대상 인생 사진 남기고 싶은 사람
추천 계절 네모필라가 피는 4~5월, 코키아가 붉게 물드는 10월
가는 방법 (자세한 내용은 p.234) JR 가쓰타역 앞 2번 승강장에서 노선 버스 타고 히타치카이힌코엔 니시구치 하차

+ **한마디 더**

공원 여기저기에 넓은 잔디밭과 나무 테이블 등 음식을 먹거나 쉬어 갈 수 있는 자리가 마련되어 있다. 테이블 웨어나 돗자리 등을 준비해가면 소풍 온 기분을 제대로 낼 수 있다.

HITACHI SEASIDE PARK ONE DAY TRIP

히타치 해변 공원의 출입구는 서쪽과 남쪽 두 곳이 있으며 보통 서쪽 출입구를 통해 입장한다. 공원 안으로 들어가면 순간 정신이 아득해질 정도로 광대한 풍경이 펼쳐진다.

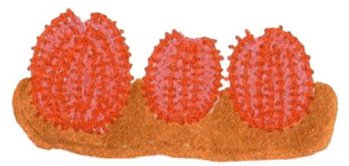

우리나라 여의도 면적이 290ha이니 그 3분의 2정도를 구석구석 돌아다녀야 한다는 의미다. 이런 상황에서 필요한 것은 선택과 집중. 가을의 히타치 해변 공원은 단연 코키아의 계절이다. 뒤도 돌아보지 않고 안쪽 언덕을 향해 직진한다. 국적 불문, 남녀노소, 애완견까지 대동한 수많은 인파가 한쪽 방향으로 점점 모여들기 시작하더니 입구에서부터 걸어 들어온 지 10분 남짓, 드디어 저 멀리 붉은 색 코키아가 펼쳐진 미하라시노오카みはらしの丘가 보인다. 입구에는 먼저 가을 하늘 아래 만개한 코스모스가 하늘거리며 반긴다. 분홍색, 자주색, 흰색의 코스모스가 소담스럽게 피어난 오솔길을 지나면 구비구비 난 언덕길을 따라 양 옆으로 둥글둥글한 코키아가 빼곡하다. 어떤 것은 무릎 높이 정도고 또 어떤 것은 허리 높이까지도 온다. 자세히 보면 색도 저마다 다르다. 선홍빛의 붉은 색이 있는가 하면 서서히 황금빛으로 물들어가는 코키아도 있다.

*네모필라Nemophila와 코키아Kochia는?
네모필라는 미국 캘리포니아가 원산지로 꽃잎 가장자리가 연하늘색이고 안쪽은 흰색인 작은 꽃이다. 보통 봄에 무리 지어 피어나고 하늘하늘한 꽃잎이 가련하고 청초해 '아기의 파란 눈동자Baby Blue Eyes'라고 불리기도 한다. 코키아는 우리 말로 댑싸리라고 하는데 유럽과 아시아가 원산지이다. 전체 모양은 통통한 타원형으로 비죽비죽한 잎이 무성하게 나 있으며 대개 1m높이까지 자란다. 잎은 여름에 연두색이었다가 가을쯤 붉은색으로 변하고 나중에는 빛 바랜 황금색이 된다.

코키아는 이번 여행을 통해서 처음 알게된 식물이다.
처음 히타치 해변 공원의 사진을 보았을 때 붉게 물든
언덕을 보고 너무 비현실적이어서 실제로 이런 풍경이
가능할까라는 의심이 들었다. 시기가 너무나 좋게도 붉은
코키아를 볼 수 있는 10월 이었다. 두근 거리는 마음을 갖고
공원에 도착해 코키아가 있는 곳으로 걸어가다 나도 모르게
소리를 질렀다. '와아- 이건 말도 안돼' 정말 꿈에서나
볼법한 가늠조차 되지 않는 수많은 코키아들이 펼쳐지고
있었다. 동글동글 통통한 빨간 코키아들을 바라보고 있으니
아무 생각이 들지 않고 계속 사진만 찍었다. 중간 중간
아직 덜 익은 초록 코키아들도 매력적이었다. 일본으로
여행가는 사람이 있다면 무조건 추천해주고 싶다.

조금씩 다른 코키아가 하나의 군집을 이루어 언덕 전체에 붉은 파도로 일렁이는 풍경은 환상적이란 말밖에 달리 떠오르지 않는다. 직접 눈으로 보고 있으면서도 믿기지 않는 풍경이라니. 이곳에선 누구나 아마추어 사진가로 돌변한다. 사진을 찍고 경치를 감상하느라 더딘 발걸음에 한참 만에야 언덕 가장 높은 곳에 오르니 정상임을 알리는 경쾌한 종소리와 저 너머 태평양 바다가 반긴다.

봄이면 이곳에는 450만 송이의 네모필라가 만발할 것이다. 가을의 코키아 단짝이 코스모스라면, 봄의 네모필라 단짝은 노란 유채꽃이다. 코키아와는 또 다른 푸른빛의 꽃 수백만 송이가 일제히 나풀거리는 광경은 상상만으로도 황홀해진다. 언덕에서 내려와 잠시 쉬어갈 자리를 찾는다. 공원 여기저기에는 피크닉을 즐길 수 있는 나무 테이블이 자리하고 있어서 누구나 편하게 이용할 수 있다. 간단한 먹거리를 판매하는 매점과 가판대도 가까이에 있다.

CHAPTER 3 김수수 × 이바라키현 국영 히타치 해변 공원

고즈넉한 곳을 찾아 걷다가 숲 속의 카페 하나를 발견한다. 울창한 소나무에 둘러싸인 멋진 테라스가 있는 기넨노모리 레스트하우스記念の森 レストハウス는 커피와 디저트를 즐길 수 있는 조용한 카페. 내부에서도 넓은 유리창을 통해 숲의 전경이 펼쳐져 숲 한가운데 앉아 있는 기분이 든다.

여기서 멀지 않은 곳에 인공 호수 니시이케西池가 자리한다. 서쪽 입구에서 들어오면서 보였던 긴 타원형의 넓은 호수로 한쪽 끝의 원형 야외 무대에서는 매년 여름 '락 인 재팬 페스티벌ROCK IN JAPAN FESTIVAL'을 비롯해 각종 공연이 개최되기도 한다. 호수 길을 따라 사이클링을 즐기는 사람들의 표정이 밝게 빛난다. 호수 주변에 조성된 스이센 가든スイセンガーデン은 2~3월에 피는 조기 개화종의 샛노란 수선화로 이른 봄의 정취를 느낄 수 있는 곳이다.

CHAPTER 3 김수수 × 이바라키현 국영 히타치 해변 공원

호수 옆을 지나 다마고노모리 플라워가든たまごの森フラワーガーデン으로 향한다. '알의 숲'이라는 이름처럼 빼곡한 소나무 사이에 알 모양의 조형물이 자리하고 있다. 처음엔 단순히 야외 조각품 같은 건가 싶었는데, 소풍 온 유치원생들이 그 안으로 들어가고 위에서 팡팡 뛰고 친구들과 술래잡기하는 것을 보고 알았다. 이를테면 숲 놀이터인 셈이다. 이곳은 4월이면 250종 25만 송이의 튤립이 만발해 형형색색의 꽃 물결을 이룬다. 공원 어디서나 보이던 대관람차 쪽으로 발길을 돌린다.

도로 위를 가로지르는 다리를 건너 지난 초여름 화사하게 꽃망울을 터트렸을 장미 정원을 지나니 지상 100m 높이의 대관람차를 비롯해 이런저런 놀이기구들이 조금은 쓸쓸하게 돌아가고 있다. 소프트 아이스크림이나 크레페를 팔고 있는 매점은 그래도 인기 만점이다. 그 뒤편으로는 8ha의 광활한 잔디 광장을 중심으로 바비큐 캠핑장, 원반 던지기 코스, 체육 시설 등이 자리한다. 잔디밭 위에서 휴일을 맞아 나들이 나온 가족이 느긋한 시간을 보내고 있다.

히타치 공원의 미하라시노오카 언덕을 올라가면 종이 하나 있다. 모두들 그 종을 보고 줄을 서서 '땡땡땡' 우렁찬 소리와 함께 종을 친다. 종 소리는 큰 소리이지만 소음처럼 들리지 않는 것이 신기하다는 생각이 들었다. 맑으면서도 청량한 소리 잠시지만 종이 주는 힐링의 소리였다.

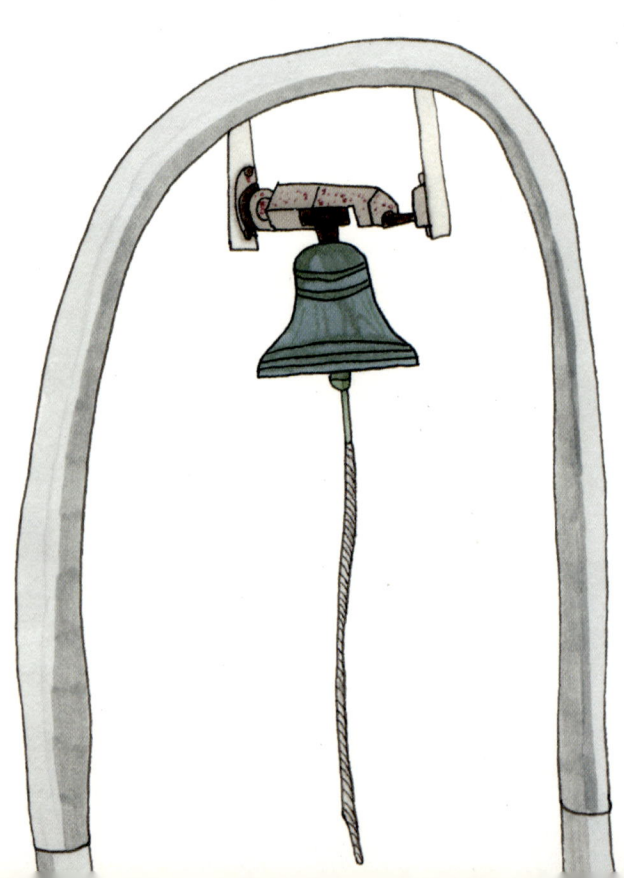

히타치 해변공원 안에 커다란 관람차가 시선을 압도했다. 어릴 적 부터 관람차를 바라보고 있으면 동화 속 한 장면을 바라보고 있는 것 같은 느낌이 들었다. 다양한 색들을 하고 돌아가는 관람차의 풍경은 공원의 코키아와 코스모스, 갈대, 나무 등과 합쳐져 멋진 풍경을 보여주고 나는 의심없이 사진을 찍으며 만족했다.

대관람차를 배경으로 펼쳐진 다이소겐 플라워
가든大草原フラワーガーデン에는 가을을 맞아 노란색 코스모스가
흐드러지게 피어나 있다. 이곳에 봄이 되면 주황빛 양귀비가
한아름 꽃을 피울 것이다. 호수 옆을 자전거로 달리던
사람들이 이번에는 이쪽을 지난다.

공원 가장 안쪽의 사구 구역으로 가면 이곳이 얼마나 바다와
가까운지 새삼 깨닫는다. 바다를 배경으로 펼쳐진 모래언덕은
새파란 하늘과 어우러져 차분히 마음을 가라앉힌다. 정원
가꾸기 교실이 열리는 그린 공방 등 워크숍 프로그램을
다양하게 진행한다. 전면 유리창과 수공간을 통해 태평양과
하나로 이어진 씨 사이드 카페Sea Side Café은 봄보다 겨울에
빛난다. 특수 냉장처리로 겨울에 피어나는 아이스 튤립이
수공간에 조성되어 꽃 피는 겨울을 만날 수 있다.

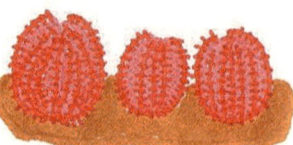

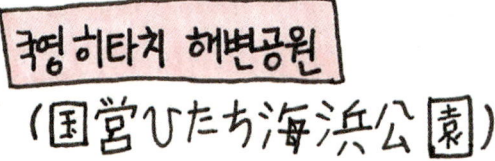

다이소겐 플라워 가든

자이언트 페리스휠

가나가와현 가마쿠라·에노시마 神奈川県鎌倉·江ノ島

기차 여행, 바다, 대불전, 만화 〈슬램덩크〉*

레트로 열차 타고 떠나는 바닷가 소도시 여행

일본 여행의 즐거움 중 하나는 기차 여행이다. 지역마다 여러 철도 회사가 있어서 열차의 생김새나 운영 방식, 티켓, 역무원의 옷차림까지 하나하나 색다르게 경험할 수 있다. 특히 산골 마을이나 소도시의 주민들이 일상적으로 이용하는 한두 량짜리의 완행 열차는 아련한 옛 시절을 떠올리게 하는 묘한 분위기를 느낄 수 있다. 가나가와현의 레트로 열차 '에노덴えのでん'도 그중 하나. 후지사와역과 가마쿠라역 사이의 15개 역, 10km 구간을 운행하는 에노시마 전철江ノ島電鉄은 약칭인 '에노덴'으로 더 많이 불린다. 예로부터 가마쿠라의 경승지로 유명했던 에노시마와 일본 만화 〈슬램덩크〉의 배경이 된 에노덴의 인기는 가히 세계적이다. 사시사철 국내외 관광객으로 붐비지만 여전히 현지 주민이 일상적으로 이용하고 있다는 점도 에노덴만의 매력. 초록색과 노란색의 사랑스러운 레트로 열차는 노면 전차처럼 도로 위를 달리기도 하고 집과 집 사이 골목길을 지나기도 한다. 또 고시고에역에서 이나무라가사키역까지 차창 밖으로 펼쳐진 탁 트인 바다 풍경은 그야말로 눈이 부시다.

TOKYO ONE DAY TRIP

추천 대상 아날로그 감성의 소도시 여행을 좋아하는 사람
추천 계절 꽃 피는 봄과 초여름 사이
가는 방법 (자세한 내용은 p.232 참고)
오다큐 에노시마선·JR 쇼난신주쿠선·JR 도카이도본선·에노시마텐테쓰선 후지사와역 하차 / JR 쇼난신주쿠선·JR 요코스카선·에노시마텐테쓰선 가마쿠라역 하차

+ 한마디 더

에노시마는 석양이 아름다운 곳으로 유명하다. 가마쿠라, 하세 지역을 먼저 관광한 후 에노시마는 늦은 오후에 가는 동선을 추천한다.

*만화 <슬램덩크SLAM DUNK>는?

1990년부터 1996년까지 연재되어 단행본이 총 1억 부 넘게 판매된 이노우에 다케히코井上雄彦의 전설적인 농구 만화. 우리나라를 비롯해 대만, 홍콩, 중국 등에서도 정식 출간되었는데, 일본 못지 않은 선풍적인 인기를 끌었다. 사고뭉치 불량 고등학생이 농구부 주장의 여동생에게 한눈에 반해 농구를 시작하게 되고 숨겨진 재능을 발견하며 주변인들과 함께 성장해가는 이야기다. 농구에 관한 탁월한 묘사와 주옥 같은 대사가 지금까지 회자되고 있다. 만화 속 주인공의 고등학교를 비롯해 주요 무대가 가나가와현의 소도시를 배경으로 한다. 만화가 이노우에 다케히코는 실제 장소를 거의 똑같이 그리는 것으로 유명한데, 여기서도 에노시마의 해변가나 철길 건널목, 기차 역 등의 모습이 잘 나와 있어서 '오타쿠 순례지'로 유명하다.

KAMAKURA·ENOSHIMA ONE DAY TRIP

에노덴의 기착지인 가마쿠라역에서 여행을 시작한다. 가마쿠라는 일본 최초의 무신정권으로 1185년부터 1333년까지 약 150년간 유지되었던 가마쿠라 막부의 중심지다.

가마쿠라역에서 머지 않은 곳에 거대한 붉은 색 도리이(신사 입구를 나타내는 기둥 문)가 자리하는데 거기서부터 중앙 분리 보도를 따라 약 500m의 참배로를 걸어가야 비로소 신사의 정문이 나온다. 가마쿠라 막부를 창립한 미나모토노 요리토모源頼朝가 1191년 완성한 쓰루가오카 하치만구鶴岡八幡宮는 가마쿠라 막부의 상징과도 같은 신사다. 경내에서 계속 이어지는 참배로는 배전 앞에서 비로소 끝이 나고, 그 뒤편 61단의 돌계단을 오르면 본궁이 자리한다. 본궁에서는 가마쿠라 시가지가 한눈에 펼쳐진다. 경내에는 큰 연못도 자리하고 있어서 흰 연꽃으로 뒤덮이기도 한다. 참배로 주변을 비롯해 경내에는 봄이면 벚꽃과 진달래가 만개해 절경을 이룬다.

CHAPTER 3 김수수 × 가나가와현 가마쿠라

보통 신사 앞에는 상점가가 조성되어 있기 마련인데 이곳에서는 안쪽 골목인 고마치도리小町通り가 그 역할을 한다. 좁은 길 양 옆으로 기념품 숍, 음식점, 카페가 즐비하다. 설렁설렁 구경하다 보면 그냥 지나칠 정도로 작은 웰캄WELKAM은 가마쿠라 기념품 숍이다. 'Welcome to Kamakura'에서 따온 이름처럼 귀여운 말장난과 타이포그라피, 가마쿠라의 상징물을 이용한 에코백, 티셔츠, 모자, 텀블러, 라이터, 마그넷, 키홀더 등 오리지널 디자인 제품이 가득하다.

이 상점가에 자리한 오쿠시모론 코마치OXYMORON komachi는 세련된 분위기의 카페 레스토랑으로 퓨전 카레와 수제 과자를 전문으로 한다. 보기 드문 조합이지만 알싸한 카레를 먹고 나면 달달한 것이 생각나기 마련이다. 세트 메뉴로 카레 메뉴에 300엔만 추가하면 케이크나 커스터드 푸딩 등 디저트와 함께 즐길 수 있다. 드라이 카레인 키마 카레가 대표 메뉴이고 수프카레 스타일의 치킨 카레도 있다. 맵기를 고를 수 있는데, 생각보다 제대로 맵다. 음식이 담겨 나오는 예쁜 그릇은 도예가가 만든 것으로 이곳에서 접시나 커피 잔을 판매하기도 한다.

가마쿠라를 빠져나오면 다들 손에 노란 새 그림의
쇼핑백이 들려 있다. 1897년 문을 연 가마쿠라의 화과자점
도시마야豊島屋本店의 대표 과자 '하토 사브레鳩サブレー'다.
이름처럼 비둘기 모양의 어른 손바닥 크기의 과자인데,
일본 과자스러운 모양새와 달리 버터 맛이 진하고 베어
문 순간 바스스 부서진다. 아메리카노 커피나 녹차와도 잘
어울리는 맛이다.

CHAPTER 3 김수수 × 가나가와현 가마쿠라

이제 가마쿠라역에서 에노덴을 타고 다음 목적지로 향한다.
가마쿠라 시대에는 불교 종파의 변화가 일어나는데, 하세
지역에는 그 흔적이 고스란히 남아 독특한 경관을 이룬다.
가마쿠라의 심볼로 불리는 거대한 불상의 가마쿠라 다이부츠덴
고토쿠인鎌倉大仏殿高徳院도 이곳에 있다. 높이 11.39m(좌대 포함
13.35m), 무게 121t에 이르는 청동 불상은 1252년 건립되었다는
기록이 있으나 태풍과 지진으로 소실되었던 것을 에도 시대 중기에
재건하였다. 인왕문을 지나 경 내로 들어가면 특별한 장치나 공간
없이 파란 하늘 아래 정좌하고 있는 대불상을 마주할 수 있다.
완벽한 좌우대칭의 형태와 정교하고 세밀한 표현기법의 대불상은
일본 최고의 불상이자 국보로 손색이 없다. 대불상 뒷목에는 주물
제작을 위한 문을 볼 수 있으며, 불상 내부 견학도 가능하다.

강렬한 한 방이 있는 고토쿠인과 달리, 하세데라 長谷寺는 구석구석 발견하는 즐거움이 큰 사찰이다. 가운데 관음당을 기준으로 좌우 양쪽에 다양한 불당과 사당, 정원, 전망대 등이 자리하고 있어 산책하듯 둘러보면 좋다. 관음당에 모셔진 높이 9.18m의 목조 관음보살상은 머리 위에 11개의 얼굴이 있어 11면 관음으로도 불린다. 그 뒤쪽으로 산책로가 이어지는데 6월에 40여 종의 수국이 아름답게 피어나고 시원한 바다 전망이 펼쳐진다. 산책로 끝에 자리한 레스토랑에서는 창 밖으로 바다를 바라 보며 비건 카레나 당고 등을 즐길 수 있다. 경내에는 고보 대사가 머물며 수행을 했다고 전해지는 동굴도 자리하는데, 좁고 어두운 굴 안에 불상 조각이 신비로운 분위기를 자아낸다. 불교 경전을 베껴 쓰는 사경소에는 돌과 모래 등으로 물을 표현한 가레산스이 枯山水 정원이 정갈하게 조성되어 있다. 자애로운 표정의 지장 보살은 이곳의 마스코트이자 다양한 기념품으로 판매 중이다.

KANNON COFFEE

부처모양의 쿠키가 인상적이었던 캐논 커피의 크레이프.
도시의 분위기에 어울리는 캐릭터의 선택이 탁월했던 곳.
눈과 입이 모두 만족스러웠다.

평소 땅을 잘 보지 않지만 일본에 가면 좋아하는 것 중 하나가 땅에 있는 맨홀 뚜껑을 구경하는 것이다. 한국의 밋밋하고 똑같은 모양이 아닌 지역이나 동네에 따라 맨홀 뚜껑이 다 다르다. 가마쿠라에서 만난 귀여운 맨홀 뚜껑.

다시 에노덴에 오른다. 최종 목적지인
에노시마로 가기 전 들러야 할 곳이 있다.
만화 〈슬램덩크〉에 등장해 유명해진
가마쿠라코코마에역鎌倉高校前駅이다. 역명처럼
인근에 만화의 배경이 된 가마쿠라 고등학교가
있다. 푸른 바다가 코앞에 펼쳐진 작은 간이역과
레트로 열차가 어우러진 풍경은 전세계 여행자의
필수 인증샷 코스다. 가끔 지나친 열정 때문에
안전사고로 이어진다고 하니 주의하자.

에노시마역에서 내려 오른쪽으로 강 하구, 왼쪽으로
바다가 펼쳐진 보행로를 따라 걷는다. 가타세히가시하마
해수욕장片瀬東浜海水浴場에는 넘실대는 파도를 타며 윈드 서핑을
즐기는 사람도 보인다. 에노시마를 연결하는 에노시마 대교, 일명
에노시마 벤텐교江の島弁天橋에서는 바다 너머 후지산이 보이기도
한다. 다리를 건너면 곧 에노시마 신사 상점가 입구에 다다른다.
좁은 계단 골목 사이로 기념품 숍이나 화과점이 즐비한 상점가
사이에서 유독 사람들의 줄이 길게 이어진 곳이 있다. 문어로 만든
'타코 센베이たこせんべい'로 유명한 아사히 본점あさひ本店이다. 줄이
줄어들 기미가 보이지 않으면 미련 없이 돌아서자. 에노시마 전망대
입구에 지점이 있고 거기는 여기보다 줄이 길지 않다.

에노시마 정상에 위치한 전망대로 가기 위해서는 두 가지 방법이
있다. 걸어서 올라가거나, 유료 에스컬레이터를 이용하거나. 1959년
설치된 일본 최초의 에스컬레이터는 하루 종일 돌아다니느라 지친
다리에 한줄기 빛이 된다. 에스컬레이터를 3번 차례대로 타면
5분만에 전망대에 닿을 수 있다. 전망대도 무료와 유료 구역이
따로 있다. 에스컬레이터 이용권과 에노시마 전망대 입장료를
세트로 구입하면 약간 할인된다. 유료 전망대인 에노시마 씨
캔들江の島シーキャンドル은 메이지 시대 개원한 열대 식물원인
사무엘 코킹 정원サムエル・コッキング苑 내에 자리한다. 이 정원에는
1951년에 건립된 등대가 하나 있었는데, 2002년 대대적인 리뉴얼
공사를 하면서 그 자리에 새로 전망대를 지은 것이 에노시마 씨
캔들이다. 전망대에 오르면 가마쿠라부터 후지산, 이즈 반도까지
360도로 펼쳐지고 아래층에는 로맨틱한 분위기의 선셋 테라스도
있다. 정원에는 매달 다양한 이벤트가 개최되어 연인들의 데이트
코스로도 유명하다.

사무엘 코킹 정원 내에는 일본 최초의 프렌치 토스트 전문점 론 카페LONCAFE도 자리한다. 겉은 설탕 코팅으로 바삭하고 속은 계란과 버터로 촉촉한 바게트에 커스터드 크림과 바닐라 아이스크림을 곁들여 먹으면 농후하고 진한 맛이 입안에서 춤을 춘다. 원조의 명성은 허투루 생기는 것이 아니다. 테라스 자리는 아름다운 야경과 함께 즐길 수 있다.

가마

에노시마(江の島)

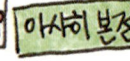
아사히 본점

론 카페

에노시마 씨 캔들

하세데

가마쿠라코코마에역

도쿄도 나카노·고엔지
東京都中野·高円寺

오타쿠의 성지, 서브 컬처*, 중고, 빈티지숍, 레트로

취향의 발견

사람은 저마다 취향이라는 것이 있다. 취향의 사전적 의미는 '하고 싶은 마음이 생기는 방향, 또는 그런 경향'이다. 우리는 흔히 무엇이 좋다고 하면 왜 좋은지 이유를 묻곤 하지만 사실 취향의 핵심은 그 방향에 있다. 어떤 이유에서든 한 번 꽂히면 그쪽을 향해 파고드는 것. 그래서 취향의 세계는 사람마다 제 각각이고 저마다 다른 깊이를 가진다. 일본 문화의 가장 놀라운 점은 깊고도 넓은 취향의 세계다. 우리가 상·중·하 정도의 단계를 가진다면 일본은 1부터 10단계까지 촘촘하게 세분화되어 있다. 나카노와 고엔지는 일본 문화 속 취향의 다양성을 경험하기에 좋은 동네다. 나카노가 본격 덕질 탐구의 최전선이라면 고엔지에서는 빈티지와 레트로의 향연이 펼쳐진다. 두 지역 모두 아케이드 상점가 일종의 관문 역할을 한다. 나카노역 앞에서 시작되는 선 몰 상점가는 그대로 나카노 브로드웨이 1층을 관통하며 이어진다. 고엔지의 빈티지 쇼핑은 보통 팔 상점가에서부터 시작된다. 신선한 채소나 반찬거리를 사고 편하게 앉아 맥주 한 잔 할 수 있는 일상의 공간에 각양각색의 취향을 가진 사람들이 모여 든다.

추천 대상 쓰레기 더미에서도 내 물건을 발견하는 사람
추천 계절 사계절
가는 방법 JR 주오선·도쿄 메트로 도자이선 나카노역 하차
JR 주오선 고엔지역 하차

+ **한마디 더**

알다시피 빈티지는 비싸다. 더 이상 생산되지 않는다는 희소성이 가격을 올리는 주된 이유다. 전문 수집꾼들이 모여 드는 나카노 브로드웨이에선 특히 지갑 단속을 잘하자.

NAKANO · KOENJI
ONE DAY TRIP

나카노역 북쪽 출구에서 나오면 발길은 자연스럽게
나카노 선 몰 상점가中野サンモール商店街의 아케이드로
향한다. 현지인과 관광객이 한데 뒤섞여 활기 넘치는
상점가를 두리번 거리며 구경하다 보면 어느새 나카노
브로드웨이 1층 안으로 빨려 들어간다.

마의 소굴, 개미 지옥, 카오스의 세계. 나카노 브로드웨이中野ブロードウェイ를 일컫는 이 말이 무슨 뜻인지 아는 데는 그리 오랜 시간이 걸리지 않는다. 천장까지 쌓여 있는 만화책과 프라모델, 선반을 가득 메운 캐릭터 피규어, 이제는 단종된 음반과 영상 CD, '밀덕(밀리터리 마니아)'부터 '철덕(철도 마니아)'까지 만족할 수 있는 희귀한 수집품. '이중에 니가 좋아하는 거 하나쯤은 있겠지'라고 외치는 이곳은 일본 최고의 오타쿠 성지다. 특정 관심 분야가 있다면 다른 곳에 한눈 팔지 말고 그대로 직진, 그저 궁금해서 한 번 와봤다면 여기저기 기웃거려 보자. 혹시 아나, 자신도 몰랐던 덕질 본성을 깨우치게 될지.

*서브 컬쳐Subculture란?
순수 문학이나 회화, 클래식 음악 등 전통적 의미의 문화와 대비되는 개념으로 주류 문화를 부정하고 비판하는 저항의 문화로 시작되었다. 현재는 소수의 특정한 집단이 취미로서 향유하는 문화를 통칭하는 말로 주로 쓰이고 있다. 만화, 애니메이션, 게임, 피규어 등이 대표적인 서브 컬쳐의 장르이며 일본은 전 세계에서 서브 컬쳐가 가장 발달한 사회로 손꼽힌다. 한 분야의 마니아를 뜻하는 '오타쿠オタク'는 일본 서브 컬쳐의 대명사다.

나카노 브로드웨이가 지금과 같은 독보적인 구조의 상점이 된 데는 일본 최대 중고만화서점 만다라케まんだらけ가 한몫 했다. 1960년대 고급 주상복합 맨션으로 지어진 나카노 브로드웨이는 1980년대 일본 거품 경제 붕괴로 상권이 쇠퇴한다. 이 틈새 시장에 입점한 것이 만다라케다. 만다라케는 빈 점포를 하나 둘 사들여 지점을 늘려갔다. 만화책뿐 아니라 애니메이션, 코스프레, 캐릭터, 프라 모델 등을 취급하는 만다라케 지점이 나카노 브로드웨이 내 27곳에 이른다. 만다라케의 입점으로 오타쿠 사이에 입소문이 나면서 이와 관련된 점포가 폭발적으로 증가하게 되었다. 2~4층에 몰려 있는 관련 점포는 현재 100곳이 넘는다.

일본의 팝 아티스트 무라카미 다카시村上隆의
회사 카이카이키키가 2010년 나카노 브로드웨이에
갤러리를 열기도 했다. 무라카미 다카시는 오타쿠
문화로 대변되는 일본의 서브 컬처를 전통 미술과 접목해
세계적인 유명세를 얻은 팝 아티스트이다. 이곳에는
카이카이키키 소속 아티스트나 젊은 창작자의 작품,
또는 무라카미 다카시가 셀렉한 미술품을 전시하고 있는
세 곳의 갤러리, 히다리 진가로Hidari Zingaro(3층)·오즈
진가로Oz Zingaro(4층)·픽시브 진가로pixiv Zingaro(2층)가
자리한다. 그의 대표 캐릭터 '카이카이키키 플라워'가
여기저기 있는 카페 바 진가로Bar Zingaro(2층)에선
'플라워 라테'도 즐길 수 있다.

오래전부터 무라카미 다카시의 팬이었던 나는 일본인친구 덕분에 바 진가로라는 다카시가 운영하는 카페를 발견했다. 카페의 모습을 사진으로 먼저 보았는데 자신의 작품을 음료에 접목시켜 운영하고 있다는 점이 너무 놀라웠다. 보통 작가들은 작업을 하면 하나의 매체를 이용하는데 그런 틀을 깨고 다양하게 자신의 작품세계를 넓혀나가고 있는 그의 모습이 같은 예술가로서 좋은 자극이 되었다. 직접 가서 주문을 하고 음료를 받았는데 라떼 위에 올려져 있는 웃고 있는 꽃을 보니 마음이 따뜻해지면서 행복해졌다. 와~ 이렇게 많은 사람들에게 기쁨을 주다니 감동스럽고 기억에 남는 나카노의 기억이다.

나카노역 레후테이(れふ亭)
한국의 붕어빵과 비슷한 '오야키(おやき)'
나카노역에 갔을 때 줄을 서서 기다리고
있는 사람들을 보고 호기심이 생겨 맛보았다.
팥맛, 카스테라, 크림치즈 등 여러가지
맛이 있었지만 역시 처음 먹을 때는 기본이
가장 맛을 평가하기 좋을거라는 생각이
들어 팥맛을 선택했다. 잘 익은 빵 안에
부드러운 팥이 나오면서 아주 고소하고
달콤한 맛이었다. 빵 위에 있는 다양한
글자 또한 고르는 재미를 준다.

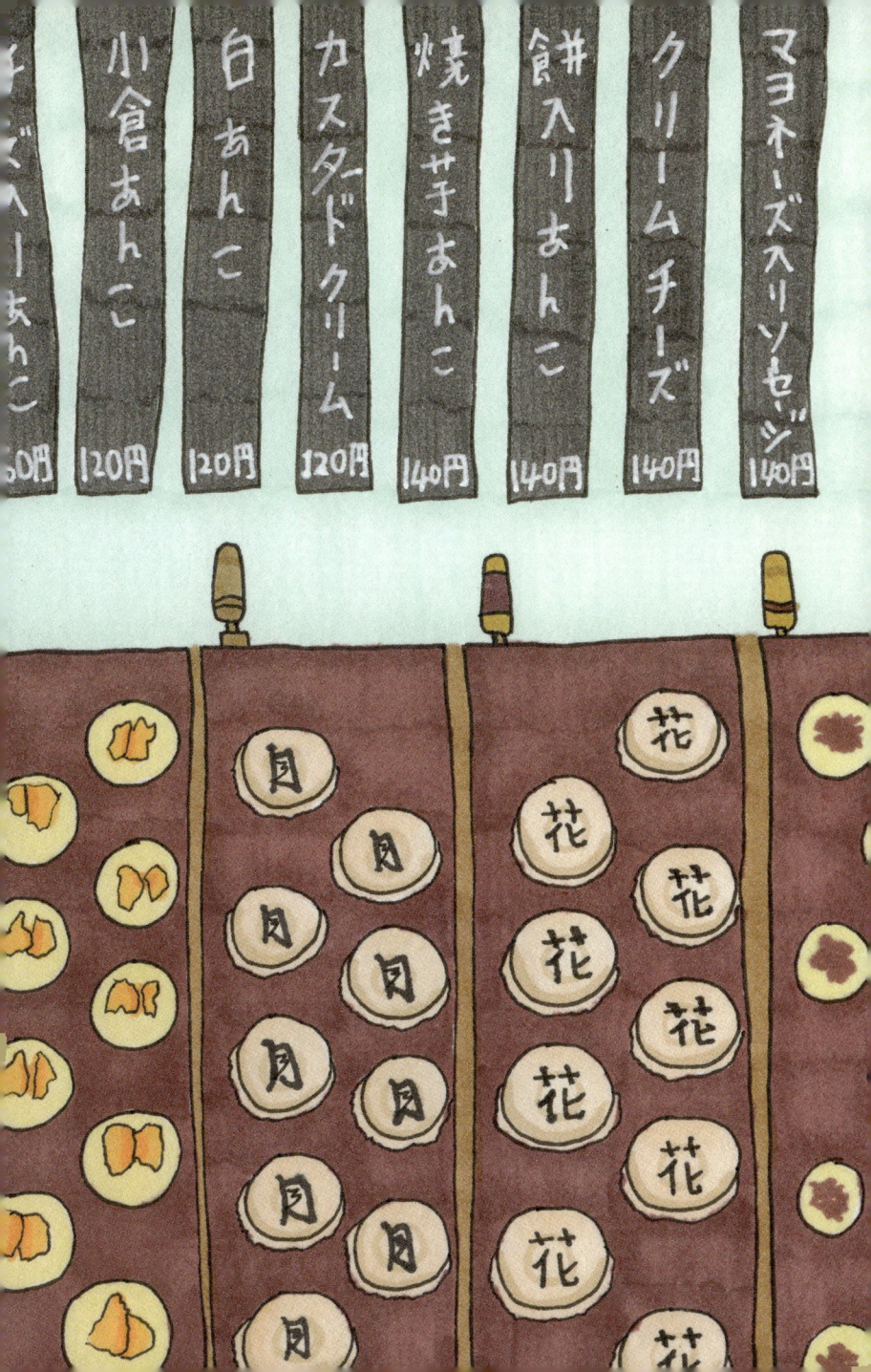

나카노에 선 몰 아케이드가 있다면 고엔지에는 팔 상점가PAL商店街가 있다. 고엔지역 남쪽 출구에서부터 약 280m 이어진 아케이드 상점가로 동네 주민의 일상용품부터 빈티지 패션, 액세서리, 인테리어 소품 등 다양한 상품을 판매하고 있다. 미국 캐주얼 빈티지 패션으로 유명한 슬럿SLUT 등 구제 옷 매장을 비롯해 유럽 스타일의 고가구 숍 등 빈티지 마니아라면 환호할만한 매장이 여럿 있다. 뒷골목으로 카페나 음식점도 자리하는데, 이곳 분위기에 어울리는 레트로 감성이 충만하다.

아케이드 상점가가 끝나고 나서도 상점 골목은 계속 이어져서 신코엔지역(도쿄 메트로 마루노우치선)에서 끝난다. 그 길목에 키아리즈Kiarry's가 있다. 네온 사인 간판이 걸린 쇼윈도로 형형색색의 플라스틱 장난감이 가득한 아메리칸 빈티지 장난감 숍이다. 밖에서 봤을 때 점포가 상당히 작아 보이는데, 실제 안으로 들어가면 더 협소하다. 모든 벽면이 물건으로 가득 차있기 때문이다. 미국에서 직접 구입한 1970~80년대 광고, 애니메이션, 만화의 캐릭터 아이템은 작은 박물관을 방불케 할 정도로 양과 질 모두 탁월하다. 두 세 명만 들어가도 공간이 꽉 차기 때문에 오래 있지 못하는 것이 흠이라면 흠. 빈티지 틴케이스나 LP판, 앤티크 인테리어 소품 등도 간간이 있다.

고엔지에선 빈티지 쇼핑만 할 수 있는 것은 아니다. 2009년 문을 연 구립 예술회관 자·고엔지座·高円寺는 고엔지 문화예술의 심장과도 같은 곳이다. 창작 연극과 춤을 중심으로 한 현대극을 연중 무대에 올리고 고엔지 전통 축제인 아와오도리 공연도 볼 수 있다. 마치 서커스 천막을 연상시키는 뾰족한 철판 지붕의 건물은 이토 도요伊東豊雄가 설계했다. 건축계의 노벨상이라 불리는 프리츠커상을 수상한 그는 지역 사회에 대한 이해를 바탕으로 공공 건축을 탐구해왔다. 레드와 블랙으로 구성된 바닥과 벽을 다양한 크기의 원형 조명이 장식하는 로비는 강렬하면서도 경계 없이 누구에게나 열려 있다. 1층 로비와 지하 2층에서 자 고엔지의 역사와 그 동안의 공연 포스터 등을 볼 수 있고 2층에는 카페도 마련되어 있다.

고엔지역 북쪽 출구로 나가면 또 분위기가 반전된다. 여기는 퇴근 후 신선한 채소나 과일을 살 수 있는 청과점이나 가볍게 술 한 잔 기울일 수 있는 이자카야, 소박하지만 내공 있는 작은 식당이 자리한다. 그중 덴스케天すけ는 개점 전부터 길게 줄이 서 있는 소문난 맛집이다. 오픈 주방에 카운터석 10자리뿐이라 분위기가 정겹다. 주 메뉴는 튀김 덮밥과 튀김 정식. 튀김이 한꺼번에 나오느냐 나중에 나오느냐의 차이다. 새우, 생선, 피망, 가지, 브로콜리 등 7가지 튀김은 특제 소스와 잘 어우러진다. 계란은 팔팔 끓는 기름에서 튀김옷과 함께 빠르게 익혀낸 후 얹어 주는데 노른자가 꿀처럼 달다. 유쾌한 주방장이 계란껍질을 빠르게 뒤로 던지는 모습도 소소한 재미다.

색다른 맛의 수제 맥주도 즐길 수 있다.
크래프트 비어 마켓クラフトビアマーケット
高円寺店에는 매일 30종류의 수제 맥주가
채워진다. '이즈노쿠니伊豆の国'(시즈오카현),
'시가코겐志賀高原'(나가노현)처럼 일본의
소규모 브루어리가 위치한 지역의 이름을
딴 맥주는 호기심을 자극한다. 저녁 6시
이전에는 세 종류의 맥주를 서로 비교하며
맛볼 수 있는 테이스팅 세트도 있다.
기본 안주로 나오는 오토시おとし도 맛있고
오픈 주방에서 숯불 바비큐를 내는 등
요리도 꽤 솜씨 있는 곳이다.

TIP

일본의 술집에서 나오는 기본 안주에는 자릿세 개념의 일정 금액이 인당 부가되기도 하는데, 이를 '오토시おとし'라 한다. 가게마다 다르지만 대략 300~400엔 수준이다. 무조건 부가되는 돈이라 불만을 느낄 수도 있는데, 잘 하는 집일수록 이 오토시에 신경을 많이 쓴다. 또 간단히 술 한 잔 하고 싶을 때 안주를 시켜야 한다는 부담을 덜어주기도 한다. ※크래프트 비어 마켓 고엔지점은 아쉽게도 현재는 영업을 하지 않아, 진보초, 기치조지, 간다 지점 등을 추천한다.

크래프트 비어 마켓
(クラフトビアマーケット)

자・코엔지
高円寺

텐스케 (天すけ)

고엔지역 高円寺

고엔지 팔 상점가
(高円寺PAL商店街)

키라이즈 (Kiarrys)

바 진가로
(Bar Zingaro)

만다라케
(まんだらけ)

NAKANO BRODWAY 나카노 브로드웨이
(中野ブロードウェイ)

나카노 선몰 상점가
(中野 SUN MALL)

나카노/고엔지
(中野) (高円寺)

도쿄도 후타코타마가와
東京都二子玉川

뉴타운, 대형 쇼핑 센터, 츠타야 서점

도쿄 신도시의 라이프 스타일

드넓은 갈대밭 사이로 유유히 다마가와강이 흐르는 후타코타마가와는 요즘 떠오르고 있는 신도시다. 도쿄와 가나가와 경계에 위치해 도심에서 좀 떨어진 듯 보이지만 시부야역과 오모테산도역에서 한번에 가는 전철이 있고 소요 시간도 10여 분 정도로 가깝다. 도심과의 접근성이 좋으면서도 한적한 교외의 분위기를 간직한 이곳은 2000년대 대규모 재개발이 이루어진다. 일본 최대 규모의 쇼핑 센터인 후타코타마가와 라이즈가 완공되고 초고층 아파트 라이즈 타워&레지던스가 들어서면서 세련되고 고급스러운 신도시의 풍모를 갖추게 된 것이다. 녹음 짙은 도심 공원과 시원스레 펼쳐진 다마가와강을 배경으로 명품 브랜드부터 고급 취향의 편집 숍, 최신 트렌드의 츠타야 가덴까지 갖춘 후타코타마가와는 '아이 키우기 좋은 동네'로 손꼽히고 있다. 아기 띠마저도 패션으로 소화한 사람들이 일상적으로 오고 가는 카페와 숍에는 세련된 도쿄 신도시의 라이프 스타일이 고스란히 드러나 있다.

추천 대상 유행에 민감하고 쇼핑을 좋아하는 트렌드세터
추천 계절 사계절
가는 방법 도큐 전철 덴엔토시선·오이마치선 후타코타마가와역 하차

+ 한마디 더
일본의 백화점에서는 1년에 두 번, 여름 시즌(6~7월)과 겨울 시즌(12~1월)에 대 바겐세일이 있다. 쇼핑이 주 목적이라면 이 시기를 노려보자.

FUTAKOTAMAGAWA
ONE DAY TRIP

후타코타마가와역 플랫폼에서
내려오면 수많은 인파로 북적이는 역
광장을 중심으로 동쪽 출구와 서쪽
출구로 나뉜다.

우선, 후타코타마가와의 터줏대감이자 일본 최초의
교외형 쇼핑 센터인 다마가와 다카시마야 玉川タカシマヤ
S·C가 위치한 서쪽 출구로 방향을 잡는다. 일본 굴지의
백화점 기업인 다카시마야가 1969년 야심 차게 기획한
교외형 쇼핑 센터로, 우리나라의 프리미엄 아울렛과 비슷한
곳이라고 보면 된다. 즉, 자가용을 타고 찾아와서 가족들과
쇼핑과 식사를 한곳에서 즐길 수 있도록 계획된 종합
쇼핑 타운이다. 1970년대 이와 유사한 교외형 쇼핑 센터가
우후죽순 생겼다고 하니 당시 얼마나 획기적인 곳이었는지
짐작할 수 있다. 지하 1층, 지상 6층에 옥상정원도 갖춘
본관을 중심으로 남쪽에 브리지로 연결된 지하 1층, 지상
11층의 남관이 있으며 마로니에 코트, 하나미즈키 코트,
가든 아일랜드 등의 별관으로 구성된다. 본관 1층의
명품관을 비롯해 패션, 아웃도어, 가전제품, 푸드 등 약
340점포가 입점해 있어서 그야말로 없는 브랜드가 없다.

혼을 쏙 빼 놓을 정도로 규모가 큰 다마가와 다카시마야와 달리 뒷골목에는 작은 숍과 브런치 카페가 옹기종기 모여 있다. 교토에서 온 박스 앤 니들BOX&NEEDLE 二子玉川店은 이 골목에서도 가장 유니크한 곳이다. 이곳의 종이와 상자는 내용물을 포장하는 용도가 아닌, 그 자체로 아름답고 실용적이다. 이탈리아, 영국, 핀란드, 네팔 등 세계 각지에서 온 종이는 희귀하고 이국적인 문양으로 눈길을 사로 잡는다. 이것으로 만든 명함 케이스, 연필꽂이, 보관함, 서류 케이스 등은 튼튼하고 쓸모 있다. 손수 만들어보고 싶은 사람을 위해 2층에서 매월 4회 워크숍을 진행하고 있고, 간편하게 집에서 만들어볼 수 있는 키트도 판매한다.

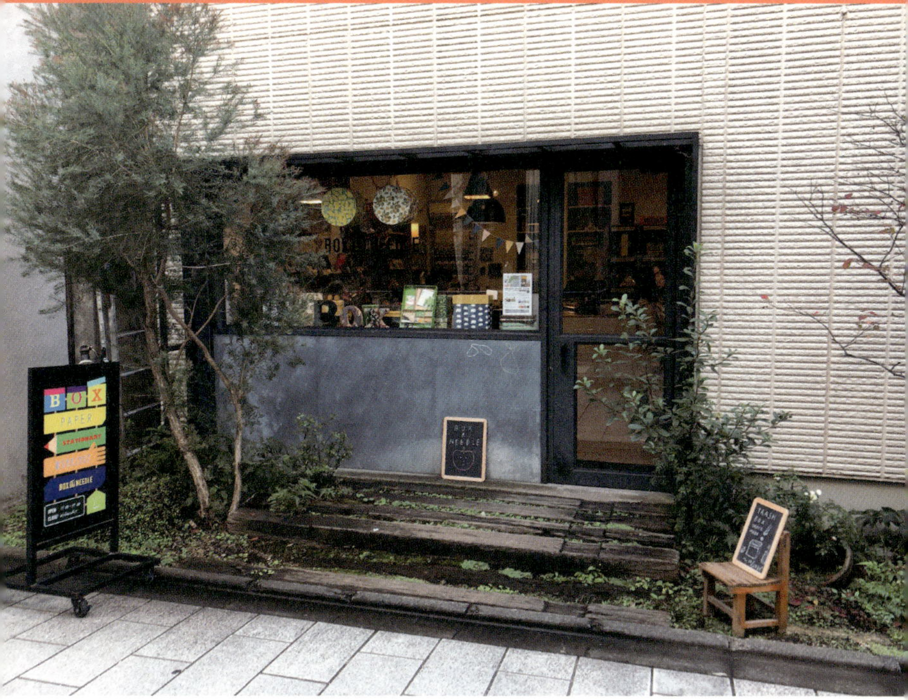
BOX
PAPER
STATIONARY
BOX & NEEDLE

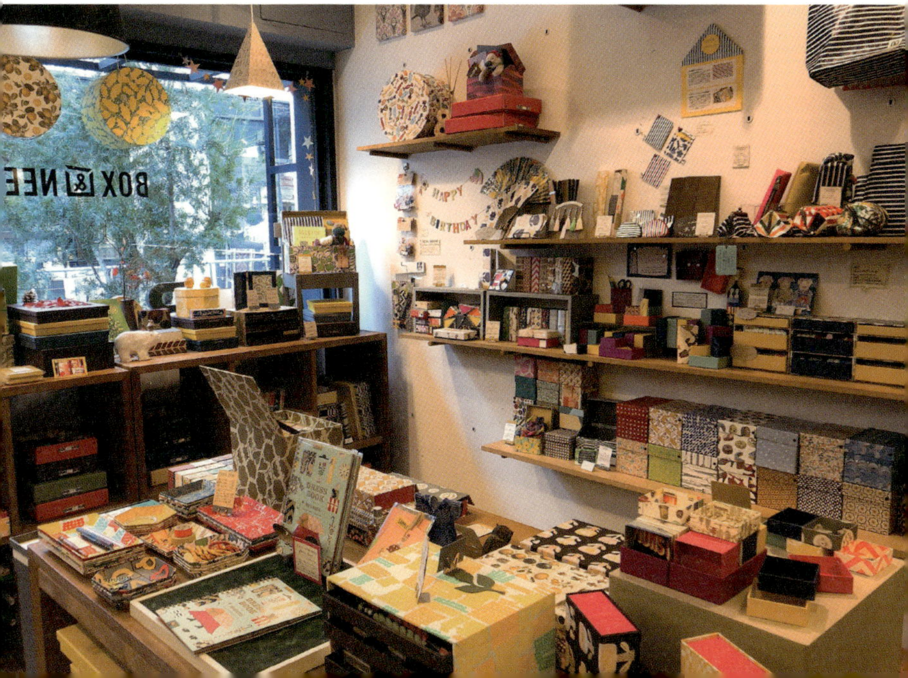
HAPPY BIRTHDAY

박스 앤 니들

일본을 좋아하는 이유 중 하나는 작은 것을 소중히 하는 마음이다. 물건을 살 때나 선물을 주고 받을 때 포장에 신경쓰는 모습을 자주 보았다. 그런 작은 배려심이 주는 감사함을 잘아는 일본의 박스 앤 니들은 섬세하게 나의 시선을 집중시켜줬다. 아기자기한 꽃들이 그려진 작은 박스 안에 무엇을 담으면 좋을까?

그림을 그릴 때 사용하는 몇가지 펜 종류가 있다. 그것들이 없으면 그림을 그릴 수 없기 때문에 항상 짐이 많더라도 몇 개씩 챙기는 편이다. 내가 쓰는 펜은 모두 다 제조국이 일본이다. 그래서 일본에 가면 항상 하는 쇼핑 중 하나가 펜 쇼핑이다. 새롭게 나온 종류나 색은 없는지 미처 보지 못한 펜들은 없는지 구경하다 보면 시간이 금새 간다. 내 분신과도 같은 펜을 보면 기분이 좋아진다.

고호로KOHORO는 작은 공간 구석구석 주인장의 취향이 고스란히 드러나는 그릇 셀렉트 숍이다. 커다란 나무 테이블과 목재 선반에 그릇과 잡화가 정갈하게 놓여 있는 매장은 갤러리처럼 단정하면서도 창고 같이 자유로운 분위기다. 주인장이 직접 셀렉트한 모노톤의 그릇과 다기는 모던하면서도 토속적인 느낌을 동시에 준다. 패브릭 소품이나 가죽 가방도 그릇과 같은 톤으로 심플하면서도 실용적이다.

다시 후타코타마가와역으로 돌아와서 반대편의 동쪽 출구로 나간다. 2011년부터 2015년까지 차례대로 완공된 라이즈 쇼핑 센터ライズ・ショッピングセンター는 4구역으로 이루어진 거대한 쇼핑 타운이다. 후타코타마가와역에서 바로 이어지는 스테이션 마켓station market, 가운데 광장을 사이에 두고 왼편의 타운 프론트town front, 오른편의 리버 프론트river front, 그리고 길 건너 브리지로 이어진 테라스 마켓terrace market의 4구역에 약 180 점포가 점재하고 있다. 광장과 길을 따라 하나의 마을처럼 조성된 쇼핑몰은 쾌적하게 돌아볼 수 있고 곳곳에서 이벤트나 공연, 플리마켓이 펼쳐져 축제 같은 분위기가 흐른다.

그중 테라스 마켓 1~2층에 자리한 후타코타마가와 츠타야 가덴二子玉川 蔦屋家電은 빼놓을 수 없는 곳이다. 라이프 스타일을 제안하는 서점 츠타야가 가전제품까지 아우른 츠타야 가덴 1호점으로 2015년에 문을 열었다. TV, 냉장고, 오디오부터 애플 워치와 라이카까지 노동 시간을 단축시키고 삶을 풍요롭게 만드는 가전제품을 총망라하고 있다. 이에 맞추어 음식과 주거에 관해 전문적인 도서를 충실하게 갖추었다. 실용서적뿐 아니라 '어떻게 살 것인가'라는 철학적인 질문부터 나답게 하는 일의 가치에 관한 책으로 채워진 서가는 라이프 스타일을 제안하는 츠타야의 철학이 뚜렷이 드러난다.

세련된 쇼핑몰을 빠져나오니 도쿄의 최신 초고층 아파트 단지가 나온다. 말 그대로 삐까뻔쩍한 아파트는 드넓은 다마가와강을 바라보고 있다. 강가를 따라 조성된 후타코타마가와 공원二子玉川公園은 동네 주민의 휴식처다. 초록 잔디가 펼쳐진 공원에는 유모차를 끌고 나온 신혼부부나 애완견을 산책시키러 온 운동복 차림의 사람들이 여유로운 한 때를 보내고 있다. 공원 한쪽에는 메이지 시대 귀족 문화를 엿볼 수 있는 시미즈 저택 서원清水家住宅書院이 자리하고 일본 전통 회유식 정원도 조성되어 있다. 시미즈 저택은 일요일과 공휴일에 내부 견학도 가능하다.

공원 정상에는 스타벅스 후타코타마가와코엔점Starbucks 二子玉川公園店이 자리하고 있다. 좌석이 얼마 없는 작은 매장이지만 큰 상관은 없다. 대부분 음료를 주문해서 공원 여기저기 흩어져 앉아 있기 때문이다. 특히 사람들이 몰려 있는 곳은 다마가와강이 내려다 보이는 넓은 계단 자리다. 주황색 석양이 물든 강과 흔들리는 갈대밭, 멀리 후타코타마가와역을 오가는 열차가 보이는 풍경을 바라보며 사람들은 하염없이 시간을 보내고 있다.

여행을 하면 하루 중 한번 씩은 카페에 가서 라떼나 프라푸치노를 마신다. 같은 스타벅스라고 해도 나라에 따라서 미묘하게 맛이 다른 것도 재밌는 경험이고 또 그곳에서 받은 냅킨을 이용해서 그날 마셨던 음료를 냅킨 위에 그린다. 평소 종이에만 그림을 그려서 냅킨에 그리면 잘 찢어지고 불편하지만 냅킨을 이용해 그림을 그리면 평소 그릴 때 엄격했던 그림들이 좀더 자유롭게 그려져서 기분이 좋은 작업이다. 이번 도쿄 여행 중 후타코타마가와 스타벅스에서 그린 라떼와 녹차 프라푸치노

도쿄 근교 여행에 유용한 열차 패스

열차 패스, 꼭 써야 하나?
일본을 여행하는 가장 편리한 교통 수단 중 하나가 열차다. 시내에서의 접근성이 좋고 누구나 쉽게 이용할 수 있다. 다만 요금이 좀 비싼 편이다. 완행인 보통 열차는 일본의 지하철 요금과 비슷하지만 급행인 쾌속 및 특급 열차는 2~3배, 그리고 시속 300km로 달리는 신칸센은 비슷한 시간대의 항공료와 거의 맞먹는다. 외국인 관광객을 위한 열차 패스는 이러한 비용 부담을 줄여준다. 작게는 요금의 10% 정도 할인부터 크게는 신칸센을 이용할 수 있기도 하니 열차를 탈 계획이라면 열차 패스는 반드시 염두에 두도록 하자.

열차 패스 활용 법
여행의 목적과 기간에 따라 다양한 열차 패스가 시중에 나와 있다. 그중 도쿄 근교 여행에 적합한 패스로 JR 동일본이 발행하는 도쿄 와이드 패스가 있다. 막강한 JR의 철도 노선 및 운행 차량에 힘입어 가장 넓은 노선을 포괄하며 활용도 면에서 타의 추종을 불허한다. 도쿄 시내에서 JR동일본이 운행하는 2시간 내외의 특급 열차, 1시간 내외의 신칸센 탑승도 가능하다. 다양하게 넓은 지역을 자신의 취향대로 설계하고자 할 때 추천하는 열차 패스다.
반면, 사철 패스 중에는 닛코와 가와고에의 노선을 가진 도부 철도의 패스와 가마쿠라, 하코네로 갈 수 있는 오다큐 철도의 패스가 유용하다. 지역이 한정되어 있는 대신, 당일치기 또는 1박2일 여행에 적합하다.

열차 시간 검색하기
과거에는 두꺼운 열차 시간표 책자가 역마다 있었지만 지금은 스마트폰이나 PC로 손쉽게 출·도착 시간, 환승 역, 열차 플랫폼 번호, 요금 등을 검색할 수 있다. 검색 사이트로 가장 흔히 사용하는 것은 야후 재팬 www.yahoo.co.jp의 노선정보路線情報이다. 스마트폰에서 홈페이지로 들어가서 상단의 기차 모양 아이콘PC에서는 왼편에 위치을 누르고 출발지와 도착지를 입력영어로도 가능하면 열차, 고속버스, 선박 등의 교통정보가 바로 나온다. 열차 정보만 보고 싶다면 하단의 설정設定에서 열차 항목만 체크하면 된다.

후지산 가와구치코 가는 방법

도쿄 서남쪽에 위치한 후지산까지 신주쿠에서 고속버스와 열차가 운행한다. 시간과 비용이 상대적으로 절감되고 환승 없이 한 번에 가는 고속버스를 많이 이용하는 편이다. 신주쿠 고속버스 터미널에서 가와구치코까지 매일 30편 이상 운행하며 아침 6시부터 버스가 있다. 홈페이지(www.highwaybus.com, 한국어 제공)에서도 예약 결제가 가능하다. 버스 터미널은 매우 혼잡하기 때문에 출발 시각 15분 전까지 창구에서 티켓을 수령하는 것이 좋다.

반면, JR 도쿄 와이드 패스가 있다면 이야기가 달라진다. JR 특급 열차의 지정석을 이용할 수 있을 뿐 아니라 후지급행 열차도 탈 수 있어서 추가 요금 없이 후지산까지 다녀올 수 있다.

운영 회사	게이오 전철 버스	JR동일본+후지급행
출발	신주쿠 고속 버스 터미널 [2]	신주쿠역
환승	-	오쓰키역
도착	가와구치코역 앞	가와구치코역
노선	후지고코・후지산고고메선	특급 카이지+후지급행선
소요 시간	1시간 45분	2시간 30분(환승 시간 포함)
편도 요금 [1]	1,750엔	2,460엔 [3]

1) 2019년 1월 기준
2) JR신주쿠역 남쪽 출구에서 도보 1분, 또는 도쿄 메트로 오다큐선 남쪽 출구에서 도보 1분, 또는 도에이 지하철 오에도선・게이오 신선 3・5번 출구에서 도보 5분
3) 보통 열차 기준. 특급 열차를 이용하려면 특급권(좌석권)을 추가로 구입해야 한다.

추천 열차 패스
JR 도쿄 와이드 패스

3일권 어른 10,000엔, 어린이 5,000엔
발매처 하네다・나리타공항, 도쿄역, 신주쿠역, 시부야역, 우에노역, 시나가와역, 하마마츠쵸역, 이케부쿠로역, 요코하마역, 미토역 내 JR 티켓 창구

도쿄에서 가와구치코로 갈 때 이용할 수 있는 유일한 열차 패스. 도쿄 와이드 패스로 JR동일본 열차 외에 탑승 가능한 사철이 몇몇 있는데, 그중 하나가 가와구치코 가는 후지급행의 보통 열차이다. 도쿄 와이드 패스의 이용 기간이 남아 있다면 후지산을 보러 갈 때 써먹어 보자.

STEP 1 특급 열차 지정석권 발급 받기
도쿄에서 오쓰키역까지 가는 특급 열차 탑승은 물론, 지정석도 이용할 수 있다. 역 내 티켓 창구에서 열차 패스를 보여준 후 지정석권을 발급 받자. 되돌아올 때의 지정석권도 미리 끊어 놓는 것이 좋다. 별도의 추가 비용은 들지 않는다.

STEP 2 개찰구 통과하기
일반 개찰구가 아니라 부스 내의 역무원에게 열차 패스를 보여주고 개찰구를 통과하는 방식이다.

STEP 3 열차 탑승하기
전광판에서 열차 이름과 목적지 등을 확인한 후 지정석 해당 플랫폼에서 열차를 기다린다. 지정석을 발급 받지 않았다면 자유석 객차를 탑승할 수 있는 플랫폼으로 이동해서 줄을 선다.

STEP 4 열차 환승하기
오쓰키역에서 후지급행으로 환승해야 하는데, 이 때 많은 승객이 내리고 방송도 몇 번이나 나와서 헷갈릴 일은 적다. 계단을 이용해 반대편 플랫폼으로 이동한 후 후지급행선 열차에 탑승한다. 일반 지하철 모양의 열차가 보통 열차이고 그 외에는 추가 요금을 내야 하니 주의할 것.

시내 이동 방법
가와구치코역 앞에서 출발하는 주유 버스가 레드·그린·블루 라인의 세 노선으로 운행한다. 그중 레드 라인에 로프웨이, 미술관, 테마 공원 등 한나절 일정으로 다니기 좋은 관광지가 몰려 있다. 오전 9시부터 오후 6시까지 운행하며 배차 간격은 15분이다. 2일권 1,500엔.

자전거 이용 방법
호반을 따라 자전거 도로가 잘 되어 있고 길이 대체로 평탄한 가와구치코는 자전거 여행에 적합하다. 일반 자전거로 다니는데도 큰 무리가 없고, 많은 여행자들이 자전거를 이용하다 보니 길을 잃을 염려가 적다. 자전거 대여점이 여러 곳 운영 중인데 당일치기라면 역에서 제일 가까운 점포를 이용하는 것이 편리하다. 3시간에 1,000엔, 1일 대여료는 1,500엔 정도. 1일 대여는 24시간을 의미하는 것이 아니라, 해당 점포 마감 시간까지이니 주의하자. 자전거 대여 시 여권을 복사해 간다.

가루이자와 가는 방법

도쿄 서북쪽의 나가노현 가루이자와는 JR 도쿄 와이드 패스가 가장 빛을 발하는 여행지이다. 신칸센으로 1시간 내외면 갈 수 있는데다가 왕복 이용만 해도 본전 이상의 값을 하기 때문이다. 신칸센 하쿠타카와 아사마가 운행하며 하쿠타카의 정차 역 수가 더 적어 많게는 20분까지 차이가 나기도 한다. 고속 버스로는 3시간이나 걸리니 돈을 좀 아끼려다 시간을 낭비하는 우를 범하지는 말아야겠다. 특히, 당일치기 여행일 때 이야기다.

운영 회사	JR동일본	도큐 버스 [4]
출발	도쿄역・우에노역	시부야 마크시티
도착	가루이자와역	
노선	호쿠리쿠 신칸센 [2]	가루이자와・구사쓰 온천행
소요 시간	약 1시간 10분	3시간
편도 요금 [1]	5,390엔 [3]	3,000엔

1) 2019년 1월 기준
2) 편성에 따라 통과하는 경우도 있으니 열차 시간표를 확인하자.
3) 신칸센 자유석 기준. 지정석을 이용하려면 추가 요금을 내야 한다.
4) 우에다 버스・게이오 버스 히가시・세부 버스와 공동 운행

추천 열차 패스
JR 도쿄 와이드 패스
3일권 어른 10,000엔, 어린이 5,000엔
발매처 하네다・나리타공항, 도쿄역, 신주쿠역, 시부야역, 우에노역, 시나가와역, 하마마츠쵸역, 이케부쿠로역, 요코하마역, 미토역 내 JR 티켓 창구

STEP 1 신칸센 지정석권 발급 받기
도쿄에서 가루이자와역까지 가는 신칸센 열차 탑승은 물론, 지정석도 이용할 수 있다. 역 내 티켓 창구에서 열차 패스를 보여준 후 지정석권을 발급 받자. 되돌아올 때의 지정석권도 미리 끊어 놓는 것이 좋다. 별도의 추가 비용은 들지 않는다.

STEP 2 개찰구 통과하기
일반 개찰구가 아니라 부스 내의 역무원에게 열차 패스를 보여주고 개찰구를 통과하는 방식이다.

STEP 3 열차 탑승하기
전광판에서 열차 번호와 목적지 등을 확인한 후 해당 플랫폼에서 열차를 기다린다. 지정석을 발급 받지 않았다면 자유석 객차를 탑승할 수 있는 플랫폼으로 이동해서 줄을 선다.

시내 이동 방법
JR 가루이자와역 북쪽 출구 앞 버스 정류장에서 가루이자와 긴자 거리로 갈 수 있다. 미카사 호텔을 갈 때도 여기서 버스를 이용하면 된다.

자전거 이용 방법
가루이자와역 북쪽 출구로 나오면 길가에 자전거를 빌려주는 점포가 즐비하다. 길도 어렵지 않고 차도 많지 않아 자전거 타기 좋다. 1일 대여 요금 1,000엔 내외. 단, 하루라고 해서 24시간을 뜻하는 것이 아니라 점포 영업이 끝날 때까지이니 주의하자.

가와고에 가는 방법

도쿄의 서북쪽에 위치한 가와고에로 가는 기점은 이케부쿠로역이다. 이케부쿠로역에서 도부 철도가 가와고에역과 가와고에시역까지 노선을 운영하고 JR 또는 도쿄 메트로가 가와고에역까지 운행한다. 그중에서도 가장 빠르고 운행 편수가 많고 요금이 저렴한 도부 철도의 이용 빈도가 가장 높다. 신주쿠에서 출발하는 것이 편하다면 세이부신주쿠역에서 가와고에로 갈 수도 있다. 이때 최종 역은 가와고에역이 아니라 혼가와고에역이다. 돌아가는 노선이다 보니 시간이 좀 오래 걸린다. 혼가와고에역이 가와고에역이나 가와고에시역보다 주요 관광지와는 더 가깝다.

운영 회사	도부 철도	JR동일본	도쿄 메트로	세이부 철도
출발		이케부쿠로역		세이부신주쿠역
도착	가와고에역 가와고에시역	가와고에역	가와고에역	혼가와고에역
노선	도부 도조선	사이쿄선 [2] (가와고에선)	후쿠토신선 [3] 유라쿠초선	세이부신주쿠선
소요 시간	약 30분	약 45분	약 45분	약 1시간
편도 요금 [1]	470엔	670엔	550엔	500엔

1) 2019년 1월 기준
2) 사이쿄선은 오미야역에서 가와고에선으로 노선 이름이 바뀌어 가와고에역까지 운행
3) 후쿠토신선·유라쿠초선은 와코시역에서 도부 도조선과 직결 운행

사이타마현은 도쿄의 대표적인 베드타운으로 평일 출퇴근 시간에는 엄청난 인파가 몰린다. '지옥철'을 경험하고 싶지 않다면 이 시간대는 피해서 이동하자.

추천 열차 패스
가와고에 디스카운트 패스
1일권 어른 700엔, 어린이 360엔

가와고에 디스카운트 패스 프리미엄
1일권 어른 950엔, 어린이 480엔
발매처 이케부쿠로역 내 도부 철도 티켓 창구·도부 탑투어즈 지점·도부 관광안내센터

이케부쿠로역에서 가와고에역 또는 가와고에시역까지 가는 도부 철도를 사용 당일에 한해 1회 왕복할 수 있는 열차 티켓을 할인된 가격에 판매하고 있다. 외국인 전용이므로 구입 시 여권을 제시해야 한다. 프리미엄 패스에는 열차 왕복 티켓과 함께 가와고에의 주요 관광지에 정차하는 도부 노선 버스의 일일 자유 이용권(300엔)이 포함된다. 가와고에역에서 중심가(도키노카네 종루)까지 도보로 25분 정도 소요되고 그 주변으로 더 걸어 다녀야 하니 체력에 자신 없다면 버스를 활용하도록 하자. 단, 주말이나 연휴에는 관광객으로 붐벼서 버스가 막힐 수 있다.

STEP 1 **역 내 개찰구 통과하기**
역 내에는 JR, 도쿄 메트로 등 다른 개찰구가 있기 때문에 도부 철도의 개찰구를 찾아가야 한다. 열차 패스는 일반 개찰구가 아니라 역무원에게 보여주고 검표하는 방식이다.

STEP 2 **탑승 열차 확인하기**
도부 철도는 10분 내외의 간격으로 운행한다. 쾌속급행, 쾌속, 급행, 준쾌속의 운영 방식에 따라 정차역이 다르고 따라서 소요 시간도 차이가 난다.

STEP 3 **열차 탑승하기**
1·2번 승강장에서 가와고에 방면의 열차를 탑승할 수 있다. 급행인지 완행 열차인지에 따라 승강장이 다르다. 객차는 딱 일반 지하철처럼 생겼다.

시내 이동 방법
① 가와고에 명소 순회 버스
레트로 미니 버스가 가와고에역에서 출발해 기타인, 히카와 신사, 구라즈쿠리 전통 거리를 지나 다시 가와고에시역과 가와고에역으로 돌아온다. 1일권 500엔, 1회 200엔.
② 노선 버스
정확한 목적지로 빠르게 가려고 할 때 편리하다. 가와고에역에서 출발해 직선 코스로 구라즈쿠리 전통 거리 방면으로 운행하며 노선에 따라 히카와 신사 쪽으로 빠진다. 1일권 300엔, 1회 100엔.

닛코·기누가와 온천 가는 방법

도쿄에서 닛코로 갈 때 가장 많이 이용하는 역은 아사쿠사역이다. 도에이 지하철 아사쿠사선·도쿄 메트로 긴자선이 아닌, 도부 철도 아사쿠사역이니 주의하자. 아사쿠사역에서 닛코 방면의 도부 철도가 매일 30분~1시간 간격으로 운행한다. 자유석 없이 지정석만 운영되는 특급 열차로 운임권 외에 특급권(좌석권)을 추가로 구입해야 한다. 특급 열차의 종류나 탑승 시간에 따라 특급권 금액이 다소 차이가 난다. 워낙 인기 있는 관광지다 보니 주말에는 좌석이 매진되는 경우가 종종 있다. 인터넷 예매도 가능하니 미리 표를 끊어 놓자.
JR 도쿄 와이드 패스가 있다면 신주쿠역에서 출발하는 닛코호·기누가와호를 예약해서 탈 수 있다. 단, 1일 1회 왕복 운행이라 일정 맞추기 좀 까다롭다. 환승을 해야 하는 불편함이 있지만, 도쿄역에서 신칸센으로 우쓰노미야역까지 이동 후 닛코선 완행 열차를 갈아타는 방법이 시간의 구애를 덜 받는다. 도호쿠 신칸센의 야마비코와 나스노, 야마가타 신칸센의 쓰바사가 우쓰노미야역에 정차한다. 기누가와 온천은 도부닛코역에서 시모이마이치역까지 간 후 열차를 환승해 기누가와온센역에서 내리면 된다.

운영 회사	도부 철도	JR동일본
출발	아사쿠사역	도쿄역·우에노역
환승	-	우쓰노미야역
도착	도부닛코역	닛코역
노선	닛코선	도호쿠·야마가타 신칸센 [3] + 닛코선
소요 시간	1시간 50분	2시간 20분(환승 시간 포함)
편도 요금 [1]	2,700엔 [2]	5,380엔

1) 2019년 1월 기준
2) 탑승 열차나 시간에 따라 금액이 다소 차이가 난다.
3) 편성에 따라 우쓰노미야역를 통과하는 경우도 있으니 열차 시간표를 확인하자.

추천 열차 패스
도부 철도 닛코 패스 헤리티지 에리어 NIKKO PASS world heritage area
2일권 어른 2,000엔, 어린이 1,000엔
발매처 아사쿠사역 내 도부 투어리스트 인포메이션센터·도부 철도 티켓 창구 / 이케부쿠로역 내 도부 투어리스트 인포메이션센터 이케부쿠로·도부 톱 투어즈

아사쿠사역에서 닛코 및 기누가와 온천으로 가는 열차의 왕복 운임권이 포함된 패스로, 특급권을 20% 할인된 금액으로 구입할 수 있다. 특급권까지 함께 구입하면 실제 지불 금액은 4,000엔 내외가 된다. 아사쿠사역에서 시모이마이치역까지는 1회 왕복만 가능하고 시모이마이치역~도부닛코역 또는 시모이마이치역~기누가와온센역의 보통 열차는 여러 번 탑승 가능하다. 단, 이 구간에서 특급 열차를 이용할 경우에는 특급권 비용을 추가로 내야 한다. 닛코 세계문화유산 관광지 내의 노선 버스도 무제한 이용할 수 있다.

STEP 1 열차 승강장 찾아가기
도부아사쿠사역 2층에 열차 승강장이 위치하며 5·6번 승강장에서 닛코 방면 열차가 대기 중이다. 전광판에서 탑승 열차를 확인할 수 있다.

STEP 2 열차 탑승하기
승강장 입구의 역무원에게 발급 받은 도부 열차 패스를 보여주고 열차 안으로 들어간다. 전체 6량 중에 시모이마이치역에서 분리해 3량은 도부닛코역으로, 3량은 기누가와온센역으로 운행하는 경우도

있으니 차량을 잘못 타지 않도록 주의하자.

STEP 3 지성 좌석 확인하기
열차 패스에 기입된 차량 번호와 좌석 번호를 확인해서 찾아간다. 좌석이 넓고 쾌적한 편이며 전 좌석에 콘센트가 있어서 노트북과 핸드폰 등 전자기기 충전이 가능하다.

시내 이동 방법
도부닛코역 앞에서 세계문화유산 지구로 가는 버스를 타면 도쇼구 인근까지 갈 수 있다. 또는 주젠지, 유모토 온천으로 가는 노선 버스가 세계문화유산 지구의 입구가 되는 신쿄 정류장을 경유하니 먼저 오는 버스를 타고 거기서부터 10~15분 정도 걸어가는 방법도 있다. 주말에는 차가 많이 막히기 때문에 걸어서 가는 것도 방법이다. 신쿄까지 도보 20분 정도 소요된다.

구사쓰 온천 가는 방법

구사쓰 온천은 군마현 산골짜기에 위치하지만 도쿄에서 한 번에 가는 특급 열차가 있을 정도로 수많은 관광객이 찾아오는 유명 온천이다. 특급 열차는 하루에 2회 왕복 운행하며, 주말에는 편성이 하나 더 늘어난다. 나가노하라쿠사쓰구치역에서는 구사쓰 온천으로 운행하는 노선 버스가 열차 시간에 맞춰 운행한다. 만약 더 이른 시간에 구사쓰 온천에 가고 싶다면 호쿠리쿠 신칸센 아사마 또는 조에쓰 신칸센 도키·MAX도키로 다카사키역까지 이동한 후 열차를 환승 하는 방법이 있다. 신칸센 비용을 감안해서 도쿄 와이드 패스가 있는 경우에 활용하는 것을 추천한다.

JR에서 운행하는 고속 버스는 시간도 오래 걸리고 요금도 큰 차이가 나지는 않지만 중간에 열차에서 노선 버스로 갈아타는 번거로움이 없다. 짐이 많거나 이동이 불편하다면 이 방법도 괜찮다.

운영 회사	JR 동일본		JR 버스
출발	우에노역	도쿄역·우에노역	신주쿠 고속 버스 터미널 [5] 도쿄역 야에스 남쪽 출구
환승	-	다카사키역	
도착	나가노하라쿠사쓰구치역		구사쓰 온천 버스 터미널
노선	특급 구사쓰	호쿠리쿠·조에쓰 신칸센 [3] + JR 아즈마선	이카호·구사쓰 온천 행
소요 시간	약 2시간 30분		약 4시간
편도 요금 [1]	4,750엔 [2]	5,490엔 [4]	3,450엔 [6]

1) 2019년 1월 기준
2) 특급 열차 자유석 기준. 지정석을 이용하려면 추가 요금을 내야 한다.
3) 편성에 따라 다카사키역을 통과하는 경우도 있으니 열차 시간표를 확인하자.
4) 신칸센 자유석 기준. 지정석을 이용하려면 추가 요금을 내야 한다.
5) JR신주쿠역 남쪽 출구에서 도보 1분, 또는 도쿄 메트로 오다큐선 남쪽 출구에서 도보 1분, 또는 도에이 지하철 오에도선·게이오 신선 3·5번 출구에서 도보 5분
6) 통상 평일 요금 기준. 주말에는 3,550엔, 성수기(8월, 12월~3월)에는 3,750엔

추천 열차 패스

JR 도쿄 와이드 패스

3일권 어른10,000엔, 어린이 5,000엔
발매처 하네다·나리타공항, 도쿄역, 신주쿠역, 시부야역, 우에노역, 시나가와역, 하마마츠쵸역, 이케부쿠로역, 요코하마역, 미토역 내 JR 티켓 창구

STEP 1 특급 열차 지정석권 발급 받기
우에노역에서 나가노하라쿠사쓰구치역까지 가는 특급 열차 탑승은 물론, 지정석도 이용할 수 있다. 역내 티켓 창구에서 열차 패스를 보여준 후 지정석권을 발급 받자. 되돌아올 때의 지정석권도 미리 끊어 놓는 것이 좋다. 별도의 추가 비용은 들지 않는다.

STEP 2 개찰구 통과하기
일반 개찰구가 아니라 부스 내의 역무원에게 열차 패스를 보여주고 개찰구를 통과하는 방식이다.

STEP 3 열차 탑승하기
전광판에서 열차 번호와 목적지 등을 확인한 후 해당 플랫폼에서 열차를 기다린다. 지정석을 발급 받

지 않았다면 자유석 객차를 탑승할 수 있는 플랫폼으로 이동해서 줄을 선다.

노선 버스 이용 방법
JR나가노하라쿠사쓰구치역에서 내리는 거의 대부분은 구사쓰 온천으로 가는 버스에 탑승한다. 구사쓰 온천 버스 터미널까지 25분 정도 소요된다. 버스가 1시간에 1대 꼴이니 돌아올 때 버스 시간표를 미리 알아두는 것이 좋다. 버스 요금은 700엔(어른 기준)이다.

가마쿠라·에노시마 가는 방법

도쿄 남쪽 가나가와현의 유명 관광지인 가마쿠라는 도쿄역과 신주쿠역 어디서도 갈 수 있어 편리하다. 가마쿠라의 관광지는 가마쿠라역, 하세역, 에노시마역의 세 구역에 몰려 있다. 도쿄에서 가마쿠라역 또는 후지사와역으로 이동한 후 에노덴을 갈아 타고 이 역들로 갈 수 있다. 최소 세 번 이상 열차를 이용하게 되므로 에노덴 1일 패스(600엔)가 가격과 편리함에서 유용하다. 오다큐 전철이 JR보다 상대적으로 저렴한 반면, 후지사와역에서 가마쿠라역까지 갔다가 다시 후지사와역으로 되돌아와야 하는 번거로움이 있다. 에노덴을 좋아한다면 한 번 더 탈 수 있는 좋은 핑계거리가 된다.
JR 도쿄 와이드 패스가 있다면 가마쿠라역 또는 후지사와역까지 간 후 에노덴 1일 패스만 따로 구입하면 된다.

운영 회사	오다큐 전철	JR동일본		
출발	신주쿠역	도쿄역	도쿄역	신주쿠역
도착	후지사와역	후지사와역	가마쿠라역	후지사와역 / 가마쿠라역 [3]
노선	오다큐선 [2] (에노시마선)	도카이도본선	요코스카선	쇼난신주쿠선
소요 시간	약 1시간	약 50분	약 1시간	50분 / 약 1시간
편도 요금 [1]	590엔	970엔	920엔	970엔 / 920엔

1) 2019년 1월 기준
2) 오다큐선은 사가미오노역에서 에노시마선으로 노선 이름이 바뀌어 후지사와역까지 운행한다.
3) 쇼난신주쿠선은 오후나역에서 가마쿠라역 방면과 후지사와역 방면으로 갈라진다.

추천 열차 패스
에노시마·가마쿠라 프리패스

1일권(신주쿠역 출발 기준) 어른 1,470엔, 어린이 740엔
발매처 신주쿠역 내 오다큐 여행서비스센터, 오다큐 전철 각 역의 자동 발권기
신주쿠역에서 후지사와역까지 1회 왕복 열차 티켓과 에노덴을 하루 동안 무제한 이용할 수 있는 원데이 티켓이 포함된 열차 패스다. 신주쿠역 외에 오다큐 전철 에노시마선의 다른 역에서도 탑승 가능하며, 각 역의 자동 발권기에서 프리패스를 구매할 수 있다. 이 패스를 제시하면 에노시마 에스컬레이터 이용료나 씨 캔들 입장료 등 관광지 요금 할인을 받을 수 있다.

STEP 1 프리패스 구입하기
신주쿠역 내 오다큐 여행서비스센터는 직원을 통해 구입하거나 각 역의 자동 발권기에서 직접 발권할 수도 있다. 터치 스크린 상단의 언어를 'English'로 전환한 후 'FREE PASS'의 항목 중에서 'Enoshima Kamakura 1 Day Pass'를 고른 다음, 현금 또는 IC 카드로 결제한다. 영수증이 필요하면 'Receipt' 항목을 누른다.

STEP 2 개찰구 통과하기
프리패스 개찰구의 티켓 투입구에 직접 삽입한 후 통과하는 방식이다. 반대쪽으로 다시 나오는 티켓을 챙겨 가면 된다.

STEP 3 열차 탑승하기
열차는 지하철과 같은 구조로 각 역마다 정차하는 완행 열차와 주요 역만 정차하는 쾌속급행 열차가 있다. 특급 로망스카는 특급권(좌석권)을 별도 구입해야 하니 주의하자.

STEP 4 열차 환승하기
후지사와역에서 내려 에노덴으로 환승 한다. 마찬가지로 자동 개찰구에 프리패스를 삽입하면 된다. 가마쿠라역 방면인지 확인한 후 승차한다.

히타치 해변 공원 가는 방법

히타치 해변 공원은 도쿄의 동북쪽 이바라키현에 자리하고 있다. 가장 가까운 역인 가쓰타역까지 JR 특급 열차가 한번에 가고 빠르며 운행 편수도 많은 편이다. 가쓰타역에서는 히타치 해변 공원으로 운행하는 노선 버스가 열차 시간에 맞춰 운행한다.
가격적인 면에서는 고속 버스가 좀 더 저렴하고 노선 버스로 갈아탈 필요가 없어서 편리하지만, 오전에 운행하는 버스가 1대뿐이라 스케줄을 잘 맞추어야 한다.

운영 회사	JR동일본	이바라키 교통 버스
출발	도쿄역·우에노역	도쿄역 야에스 남쪽 출구
도착	가쓰타역	히타치 해변 서쪽 출구 [3]
노선	특급 히타치·도키와	가쓰타·도카이선
소요 시간	1시간 10~30분	약 2시간
편도 요금 [1]	3,820엔 [2]	2,240엔

1) 2019년 1월 기준
2) 특급 열차 지정석 요금
3) 오전 10시 30분 첫 차의 경우만 해당. 그 외에는 도보 10분 거리의 히타치 해변 공원 입구까지만 운행한다.

추천 열차 패스
JR 도쿄 와이드 패스
3일권 어른 10,000엔, 어린이 5,000엔
발매처 하네다·나리타공항, 도쿄역, 신주쿠역, 시부야역, 우에노역, 시나가와역, 하마마츠쵸역, 이케부쿠로역, 요코하마역, 미토역 내 JR 티켓 창구

STEP 1 특급 열차 지정석권 발급 받기
도쿄에서 가쓰타역까지 가는 특급 열차는 전석 지정석으로 운행한다. 역 내 티켓 창구에서 열차 패스를 보여준 후 지정석권을 발급 받자. 되돌아올 때의 지정석권도 미리 끊어 놓는 것이 좋다. 별도의 추가 비용은 들지 않는다.

STEP 2 개찰구 통과하기
일반 개찰구가 아니라 부스 내의 역무원에게 열차 패스를 보여주고 개찰구를 통과하는 방식이다.

STEP 3 **열차 탑승하기**

전광판에서 열차 이름과 목적지 등을 확인한 후 지정석 해당 플랫폼에서 열차를 기다렸다가 탑승한다.

노선 버스 이용 방법

가쓰타역에서 내리는 목적의 십중팔구는 히타치 해변공원 때문이다. 더군다나 꽃구경 철에는 아예 역 앞에서 버스 왕복 승차권과 공원 입장권을 묶은 원데이 패스(1,080엔)를 판매하기도 하다. 여기서 티켓을 구입하면 공원 입구에서 줄을 서는 시간을 절약할 수 있다. 가쓰타역에서 히타치 해변공원 서쪽 출구까지는 20분 정도 소요된다. 버스가 1시간에 1대 꼴이니 돌아올 때 버스 시간표를 미리 알아두고 움직이자. 버스 요금 400엔(어른 기준).

공원 이동 방법

체력과 시간이 받쳐 준다면 걷는 것도 좋지만 빠른 시간 안에 구석구석 돌아보려면 자전거를 추천한다. 공원 내에 자전거를 빌려주는 곳이 네 곳 있으며 자전거 도로도 잘 조성되어 있다. 3시간 대여 요금은 400엔(어른 기준). 또는 공원 내의 10개 정류소를 순회하는 꼬마 열차 '씨 사이드 트레인'을 이용하는 방법도 있다. 어르신이나 어린아이가 있는 경우 특히 유용하다. 1일 이용권 500엔.

INDEX

야마나시현 후지산 가와구치코

아라쿠라야마 센겐공원
新倉山浅間公園

ADD 山梨県富士吉田市新倉3353-1
ACCESS 시모요시다역에서 도보 10분

WEB www.arakurayama-sakura.com

후지산 파노라믹 로프웨이
富士山パノラマロープウェイ

ADD 山梨県南都留郡富士河口湖町浅川1163-1
ACCESS 가와구치코역에서 주유 버스(레드 라인) 타고 유란센·로프웨이 이리구치遊覧船·ロープウェイ入口 하차.

OPEN 09:00~17:20
COST 왕복 이용료 어른 900엔, 어린이 450엔
TEL 0555-72-0363 **WEB** www.mtfujiropeway.jp

레이크 카페 쿠
Lake Side Café Ku

ADD 山梨県南都留郡富士河口湖町船津4014-5
ACCESS 가와구치코역에서 도보 10분

OPEN 09:00~19:00, 화요일 휴무
TEL 0555-25-6210
WEB cafe-ku.jp

구보타 잇치쿠 미술관
久保田一竹美術館

ADD 山梨県南都留郡富士河口湖町河口2255
ACCESS 가와구치코역에서 주유 버스(레드 라인) 타고 구보타 잇치쿠 비주츠칸 하차.

OPEN 4~11월 09:30~17:00, 12~3월 10:00~16:00, 화요일 휴관(10월~11월 휴관 없음) **TEL** 0555-76-8811
COST 입장료 어른 1,300엔, 고등·대학생 900엔, 초·중학생 400엔 **WEB** www.itchiku-museum.com

가와구치코 자연생활관
河口湖自然生活館

ADD 山梨県南都留郡富士河口湖町大石2585
ACCESS 가와구치코역에서 주유 버스(레드 라인) 타고 가와구치코 시젠세카츠칸 하차.

OPEN 09:00~18:00 **TEL** 0555-76-8230
WEB www.fkchannel.jp/naturelivingcenter/

레이크 베이크
Lake Bake

ADD 山梨県南都留郡富士河口湖町大石2585-85
ACCESS 가와구치코역에서 주유 버스(레드 라인) 타고 가와구치코 시젠세카츠칸河口湖自然生活館 하차, 도보 3분

OPEN 10:00~16:30, 카페~15:30, 수요일 및 둘째·넷째 목요일 휴무 **TEL** 0555-76-7585
WEB lakebake.com

호토후도 가와구치코기타혼텐
ほうとう不動 河口湖北本店

ADD 山梨県南都留郡富士河口湖町河口707
ACCESS 가와구치코역에서 주유 버스(레드 라인) 타고 가와구치코 비주츠칸河口湖美術館 또는 가와구치코 오르고르노모리 비주츠칸河口湖オルゴールの森美術館 하차, 도보 5분

OPEN 11:00~19:00 **TEL** 0555-76-7011
WEB www.houtou-fudou.jp

후루야
お惣菜の店　ふるや

ADD 山梨県南都留郡富士河口湖町船津4120-1
ACCESS 가와구치코역에서 도보 5분

OPEN 10:00~14:00, 16:00~19:00(매진 시 종료)
TEL 0555-72-0862

코리스
coriss

ADD 長野県北佐久郡軽井沢町軽井沢10-2
ACCESS JR가루이자와역 북쪽 출구로 나와서 도보 20분

OPEN 10:30~18:30, 수요일 휴무
(7~8월 무휴, 부정기 휴무 있음)
TEL 0267-46-8425
WEB www.coriss.jp

성 바울 가톨릭 교회
聖パウロカトリック教会

ADD 長野県北佐久郡軽井沢町軽井沢57-1
ACCESS JR가루이자와역 북쪽 출구로 나와서 도보 20분

OPEN 07:00~18:00
TEL 0267-42-2429

나가노현 가루이자와

가루이자와 뉴 아트 뮤지엄
軽井沢ニューアートミュージアム

ADD 長野県北佐久郡軽井沢町軽井沢1151-5
ACCESS JR가루이자와역 북쪽 출구로 나와서 도보 8분

OPEN 10:00~17:00, 7~9월 10:00~18:00, 화요일 및 1월12일~1월22일 휴관 **COST** 어른 1,200엔, 고등·대학생 900엔, 초·중학생 600엔
TEL 0267-46-8691 **WEB** knam.jp

산 쿠제르 와이너리
St. Cousair Winery 軽井沢旧道店

ADD 長野県北佐久郡軽井沢町軽井沢750-3
ACCESS JR가루이자와역 북쪽 출구로 나와서 도보 20분, 가루이자와 긴자 거리 내

OPEN 10:00~18:00(12~3월 중순 휴업)
TEL 0267-41-3903
WEB www.stcousair.co.jp

아틀리에 드 프로마주 피제리아
アトリエ・ド・フロマージュ ピッツェリア

ADD 長野県北佐久郡軽井沢町軽井東22-1
ACCESS JR가루이자와역 북쪽 출구로 나와서 도보 6분

OPEN 11:30~15:00, 17:00~19:00, 수요일 휴무
TEL 0267-42-0601 **WEB** www.a-fromage.co.jp/archives/shop/pizzaria/

프랑스 베이커리
French Bakery

ADD 長野県北佐久郡軽井沢町大字軽井沢618
ACCESS JR가루이자와역 북쪽 출구로 나와서 도보 20분, 가루이자와 긴자 거리 내

OPEN 08:00~17:00, 목요일 휴무(7~8월 무휴)
TEL 0267-42-2155
WEB www.french-bakery.jp

블랑제리 아사노야
BOULANGERIE ASANOYA, 浅野屋
- **ADD** 長野県北佐久郡軽井沢町大字軽井沢738
- **ACCESS** JR가루이자와역 북쪽 출구로 나와서 도보 20분, 가루이자와 긴자 거리 내
- **OPEN** 07:00~21:00, 동절기 09:00~17:00

가루이자와 프린스 쇼핑 플라자
軽井沢 Prince Shopping Plaza
- **ADD** 長野県北佐久郡軽井沢町軽井沢谷地1178
- **ACCESS** JR가루이자와역에서 도보 3분
- **OPEN** 10:00~19:00
- **TEL** 0267-42-5211
- **WEB** www.karuizawa-psp.jp

사와야 잼 큐카루이자와점
沢屋ジャム 旧軽井沢店
- **ADD** 長野県北佐久郡軽井沢町軽井沢746-1
- **ACCESS** JR가루이자와역 북쪽 출구로 나와서 도보 20분, 가루이자와 긴자 거리 내
- **OPEN** 09:00~18:00
- **TEL** 0267-42-8411
- **WEB** www.sawaya-jam.com

도쿄 가구라자카

가루이자와 쇼 기념예배당
軽井沢ショー記念礼拝堂
- **ADD** 長野県北佐久郡軽井沢町大字軽井沢57-1
- **ACCESS** JR가루이자와역 북쪽 출구로 나와서 도보 30분
- **OPEN** 09:00~17:00, 동절기 09:00~16:00
- **TEL** 0267-42-4740
- **WEB** www.nskk.org/chubu/church/16shaw.html

아코메야 도쿄 인 라카구
AKOMEYA TOKYO in la kagu
- **ADD** 東京都新宿区矢来町67
- **ACCESS** 가구라자카역 2번 출구로 나와서 바로 정면
- **OPEN** 11:00~20:30(점포), 08:00~22:00(카페)
- **TEL** 03-5946-8241
- **WEB** www.akomeya.jp

구 미카사 호텔
軽井沢旧三笠ホテル
- **ADD** 軽井沢町大字軽井沢1399-342
- **ACCESS** JR가루이자와역 북쪽 출구에서 기타가루이자와 방면 버스 타고 8분 후 미카사 하차.
- **OPEN** 09:00~17:00, 연말연시 휴관
- **COST** 400엔
- **TEL** 0267-42-7072

가모메 북스
かもめブックス
- **ADD** 東京都新宿区矢来町123 第一矢来ビル1F
- **ACCESS** 가구라자카역 2번 출구로 나와서 도보 1분
- **OPEN** 11:00~21:00, 수요일 휴무
- **TEL** 03-5228-5490
- **WEB** kamomebooks.jp

아카기 신사
赤城神社

ADD 東京都新宿区赤城元町1-10
ACCESS 가구라자카역 1번 출구로 나와서 도보 1분

OPEN 카페 11:00~20:00,
화요일·둘째 주 월요일 휴무
TEL 신사 03-3260-5071, 카페 03-3235-6067
WEB www.akagi-jinja.jp

가구라자카 쇼잔테이
구로게와규제타큐주센몬점 가구라자카본점
神楽坂 翔山亭 黒毛和牛贅沢壷専門店 神楽坂本店

ADD 東京都新宿区神楽坂3-1 桂ハイツ1F
ACCESS 가구라자카역 1번 출구로 나와서 도보 8분,
또는 이다바시역에서 도보 5분

OPEN 11:00~21:00
TEL 03-6228-1829
WEB www.shozantei.com

가구라자카 프류스
神楽坂プリュス

ADD 新宿区神楽坂6-58
ACCESS 가구라자카역 1번 출구로 나와서 도보 1분

OPEN 11:00~19:00
TEL 03-3269-0052
WEB www.kagurazakaplus.jp

르 브루타뉴
ル・ブルターニュ 神楽坂店

ADD 東京都新宿区神楽坂4-2
コンフォート神楽坂 1F
ACCESS 가구라자카역 1번 출구로 나와서 도보 6분

OPEN 11:30~22:30, 월요일 휴무
Tel 03-3235-3001
WEB www.le-bretagne.com

요코구모
よこぐも

ADD 東京都新宿区白銀町1-6 1F
ACCESS 가구라자카역 1번 출구로 나와서 도보 6분

OPEN 12:00~18:30, 일·월요일 휴무
TEL 03-5228-3997
WEB www.jokogumo.jp

언플랜 가구라자카
Unplan Kagurazaka

ADD 東京都新宿区天神町23-1
ACCESS 가구라자카역 2번 출구로 나와서 도보 3분

COST 도미토리 1박 3,400엔~
TEL 03-6457-5171
WEB unplan.jp

쿠쿠리
kukuli くくり

ADD 東京都新宿区津久戸町1-10 US軽子 1F
ACCESS 가구라자카역 1번 출구로 나와서 도보 10분

OPEN 11:00~19:00
TEL 03-6280-8462
WEB kukuli.co.jp

모조 커피 하라주쿠점
Mojo Coffee 原宿店

ADD 東京都渋谷区神宮前3-22-15
ACCESS 메이지진구마에역 1번 출구에서 도보 4분

OPEN 평일 08:00~19:00, 주말 공휴일(09:00~19:00)
TEL 03-6721-0263

도쿄 기요스미

올프레스 에스프레소 도쿄 로스터리&카페
Allpress Espresso Tokyo Roastery&Café

ADD 東京都江東区平野3-7-2
ACCESS 기요스미시라카와역 A3 출구로 나와서 도보 10분

OPEN 08:00~17:00, 주말 09:00~18:00
TEL 03-5875-9131
WEB allpressespresso.com/find/tokyo-roastery

기요스미 정원
清澄庭園

ADD 東京都江東区清澄二・三丁目
ACCESS 기요스미시라카와역에서 도보 3분

OPEN 09:00~17:00, 연말연시 휴원
COST 입장료 어른 150엔, 초등학생 이하 무료
TEL 03-3641-5892
WEB www.tokyo-park.or.jp/park/format/index033.html

티 폰드
TEAPOND

ADD 東京都江東区白河1-1-11
ACCESS 기요스미시라카와역 A3 출구로 나와서 도보 3분

OPEN 11:00~19:00
TEL 03-3642-3337
WEB www.teapond.jp

블루보틀 커피 기요스미시라카와 로스터리&카페
Blue Bottle Coffee 清澄白河ロースタリー&カフェ

ADD 東京都江東区平野1-4-8
ACCESS 기요스미시라카와역 A3 출구로 나와서 도보 7분

OPEN 08:00~19:00
WEB bluebottlecoffee.jp/cafes/kiyosumi

도쿄도 현대미술관
東京都現代美術館, Museum of Contemporary Art Tokyo

ADD 東京都江東区三好4-1-1
ACCESS 기요스미시라카와역 A3 출구로 나와서 도보 15분

OPEN 10:00~18:00, 월요일 휴무 (임시 개관하는 날 있음)
TEL 03-5245-4111
WEB www.mot-art-museum.jp

어라이즈 커피 로스터즈
ARiSE Coffee Roasters

ADD 東京都江東区平野1-13-8
ACCESS 기요스미시라카와역 A3 출구로 나와서 도보 5분

OPEN 10:00~18:00, 월요일 휴무
TEL 03-3643-3601
WEB arisecoffee.jp

카페 코팡
cafe copain

ADD 東京都江東区平野3-1-12
ACCESS 기요스미시라카와역 A3 출구로 나와서 도보 14분

OPEN 11:00~18:00, 월·화·수요일 휴무
TEL 03-6240-3306

도쿄 가와고에

오사와 주택
大沢家住宅
- **ADD** 埼玉県川越市元町1-15-2
- **ACCESS** 가와고에역에서 버스 타고 이치반가이一番街 정류장에서 도보 2분
- **OPEN** 10:00~17:00, 월요일 휴무
- **COST** 관람료 어른 200엔, 중고등학생 150엔
- **TEL** 049-222-7640

기타인
喜多院
- **ADD** 埼玉県川越市小仙波町1-20-1
- **ACCESS** 가와고에역에서 버스 타고 기타인마에 하차, 또는 가와고에역에서 도보로 20분
- **OPEN** 8:50~16:30
- **COST** 입장료 어른 400엔, 어린이 200엔
- **TEL** 049-222-0859
- **WEB** www.kawagoe.com/kitain/

가와고에 축제 회관
川越まつり会館
- **ADD** 埼玉県川越市元町2-1-10
- **ACCESS** 가와고에역에서 버스 타고 이치반가이一番街 정류장에서 도보 1분
- **OPEN** 09:30~17:00, 둘째·넷째 수요일 휴관
- **COST** 입장료 어른 300엔, 초·중학생 100엔
- **TEL** 049-225-2727
- **WEB** kawagoematsuri.jp/matsurimuseum/

가와고에 히카와 신사
川越氷川神社
- **ADD** 埼玉県川越市宮下町2-11-3
- **ACCESS** 가와고에역에서 버스 타고 히카와진자 하차
- **TEL** 049-224-0589

스타벅스 가와고에 카네츠키도리점
Starbucks 川越鐘つき通り店
- **ADD** 埼玉県川越市幸町15-18
- **ACCESS** 가와고에역에서 버스 타고 이치반가이一番街 정류장에서 도보 1분
- **OPEN** 08:00~20:00
- **TEL** 049-228-5600
- **WEB** www.starbucks.co.jp/store/search/detail.php?id=1554

무스비 카페
むすびcafé
- **ADD** 埼玉県川越市宮下町2-11 氷川会館1F
- **ACCESS** 히카와 회관 1층
- **OPEN** 10:00~17:00
- **TEL** 049-226-1260
- **WEB** musubicafe.com

오가기쿠
小川菊
- **ADD** 埼玉県川越市仲町3-22
- **ACCESS** 가와고에역에서 버스 타고 나가마치仲町 정류장에서 도보 1분
- **OPEN** 11:00~14:00, 16:30~19:30, 목요일 휴무
- **TEL** 049-222-0034
- **WEB** www.ogakiku.com

고에도쿠라리
小江戸蔵里

ADD 埼玉県川越市新富町1-10-1
ACCESS 가와고에역에서 도보로 15분

OPEN 11:00~19:00
TEL 049-228-0855
WEB www.machikawa.co.jp

도치기현
닛코·기누가와

수타 우동 하세누마
手打うどん 長谷沼

ADD 埼玉県川越市中原町2-1-13
ACCESS 가와고에역에서 도보 10분

OPEN 11:30~15:00, 17:30~21:00, 수요일 휴무
TEL 049-277-4838
WEB hasenuma.com

닛코 후타라산 신쿄
日光二荒山神橋

ACCESS 도부닛코역에서 도보 20분,
또는 노선 버스 타고 신쿄 하차.

WEB www.shinkyo.net

바니토이 베이글
VANITOY BAGEL

ADD 埼玉県川越市南通町15-1
ACCESS 가와고에역에서 도보 5분

OPEN 10:00~20:00, 화요일 휴무
TEL 049-223-6550
WEB www.vanitoy.com

닛코 도쇼구
日光東照宮

ADD 栃木県日光市山内2301
ACCESS 도부닛코역에서 세계유산 메구리 버스 타고 호텔 세이코엔마에 하차.

OPEN 08:00~17:00(11월~3월 16:00까지)
COST 입장료 어른 1,300엔, 초·중학생 450엔
TEL 0288-54-0560
WEB www.toshogu.jp

닛코 후타라산 신사
日光二荒山神社

ADD 栃木県日光市山内2307
ACCESS 도쇼구 입구에서 도보 3분

TEL 0288-54-0535
WEB www.futarasan.jp

닛코 후타라산 신쿄
日光二荒山神橋

ADD 栃木県日光市上鉢石町山内
ACCESS 도부닛코역에서 도보 20분,
또는 노선 버스 타고 신쿄 하차

OPEN 08:30~16:30
TEL 0288-54-0535 (후타라산 신사)
WEB www.shinkyo.net

기누가와 공원 이와부로
鬼怒川公園岩風呂

ADD 栃木県日光市藤原19
ACCESS 기누가와코엔역에서 도보로 5분

OPEN 10:00~20:30, 화요일 휴무
COST 입욕료 어른 510엔, 초등학생 250엔
TEL 0288-76-2683

닛코 코히
日光珈琲 御用邸通

ADD 栃木県日光市本町3-13
ACCESS 신쿄에서 도보 10분

OPEN 10:00~18:00, 월요일 및
첫째·셋째 화요일 휴무
TEL 0288-53-2335
WEB nikko-coffee.com

군마현
구사쓰 온천

시모이마이치역 증기기관차 전시관·전차대 광장
下今市駅 SL展示館·転車台広場

ADD 栃木県日光市今市1110
ACCESS 시모이마이치역 내

OPEN 10:00~16:30, SL 운행시 08:00~19:00
COST 입장 무료(단, 열차 승차권 필요)
TEL 0288-21-0201
WEB www.tobu.co.jp/sl/trip/exhibition

사이노카와라 노천탕
西の河原露天風呂

ADD 群馬県吾妻郡草津町大字草津521-3
ACCESS 구사쓰 온천 버스 터미널에서 도보 15분

OPEN 07:00~20:00, 12월~3월 09:00~20:00,
COST 입욕료 어른 600엔, 어린이 300엔
TEL 0279-88-6167
WEB sainokawara.com

기누가와 온천
鬼怒川温泉

ADD 栃木県日光市鬼怒川温泉
ACCESS 기누가와온센역 하차

TEL 0288-77-1039
WEB www.kinugawa-onsen.com

오타키노유
大滝乃湯

ADD 群馬県吾妻郡草津町大字草津596-13
ACCESS 구사쓰 온천 버스 터미널에서 도보 10분

OPEN 09:00~21:00
COST 입욕료 어른 900엔, 어린이 400엔
TEL 0279-88-2600
WEB ohtakinoyu.com

고자노유
御座之湯
ADD 群馬県吾妻郡草津町大字草津421
ACCESS 구사쓰 온천 버스 터미널에서 도보 2분

OPEN 07:00~21:00, 12월~3월 08:00~21:00
COST 입욕료 어른 600엔, 어린이 300엔 /
유카타 대여 2,500엔(4월~11월 09:00~17:00)
TEL 0279-88-9000
WEB gozanoyu.com

마츠무라 만주
松むら饅頭
ADD 群馬県吾妻郡草津町草津389
ACCESS 구사쓰 온천 버스 터미널에서 도보 4분

OPEN 07:00~18:00, 화요일 휴무(수요일 부정기 휴무)
TEL 0279-88-2042

네쓰노유
熱乃湯
ADD 群馬県吾妻郡草津町草津414
ACCESS 구사쓰 온천 버스 터미널에서 도보 3분

OPEN 유모미 공연 09:30, 10:00,
10:30, 15:30, 16:00, 16:30
COST 참가비 어른 600엔, 어린이 300엔
TEL 0279-88-3613
WEB www.kusatsu-onsen.ne.jp/netsunoyu/

유노카 혼포
湯の香本舗
ADD 群馬県吾妻郡草津町草津110
ACCESS 구사쓰 온천 버스 터미널에서 도보 3분

OPEN 08:30~21:30(토요일 ~22:00)
TEL 0279-88-2155
WEB yunokahonpo.com

지요노유
千代の湯
ADD 群馬県吾妻郡草津町草津367-4
ACCESS 구사쓰 온천 버스 터미널에서 도보 4분

OPEN 지칸유 체험 09:00, 11:00, 14:00, 17:00,
월요일, 둘째·넷째 화요일 휴무
COST 지칸유 참가비 560엔
TEL 0279-88-2508
WEB www.jikanyu.net

그란데휴메 구사쓰
グランデフューメ草津
ADD 群馬県吾妻郡草津町草津594-4
ACCESS 구사쓰 온천 버스 터미널에서 도보 5분

OPEN 09:00~18:00
TEL 0120-066-862
WEB grandefiume-kusatsu.com

하쿠코테이
柏香亭
ADD 群馬県吾妻郡草津町草津376
ACCESS 구사쓰 온천 버스 터미널에서 도보 4분

OPEN 11:00~17:00, 목요일 휴무
TEL 0279-88-2208

도쿄 구라마에

모쿠바
木馬
ADD 東京都台東区蔵前4-16-8 / 蔵前4-17-6
ACCESS 아사쿠사선 구라마에역 A0 출구로 나와서 도보 3분

OPEN 09:00~12:00, 13:00~17:30, 주말 휴무
TEL 03-3864-1408

가키모리
カキモリ
ADD 東京都台東区三筋1-6-2
ACCESS 아사쿠사선 구라마에역 A1 출구로 나와서 도보 7분 또는 오에도선 구라마에역 A6 출구로 나와서 도보 10분

OPEN 11:00~19:00, 월요일 휴무
TEL 050-1744-8546
WEB kakimori.com

나카무라 티 라이프
Nakamura Tea Life
ADD 東京都台東区蔵前4-20-4
ACCESS 아사쿠사선 구라마에역 A0 출구로 나와서 도보 2분

OPEN 12:00~19:00, 월요일 휴무
TEL 03-5843-8744
WEB www.tea-nakamura.com

잉크 스탠드
inkstand by kakimori
ADD 東京都台東区蔵前4-20-12クラマエビル1F
ACCESS 아사쿠사선 구라마에역 A0 출구로 나와서 도보 3분

OPEN 11:00~19:00, 월요일 휴무
TEL 050-1744-8547
WEB inkstand.jp

단데라이온 초콜렛 팩토리&카페 구라마에
Dandelion Chocolate Factory & cafe 蔵前
ADD 東京都台東区蔵前4-14-6
ACCESS 아사쿠사선 구라마에역 A0 출구로 나와서 도보 2분

OPEN 10:00~20:00
TEL 03-5833-7270
WEB dandelionchocolate.jp

슈로
SyuRo
ADD 東京都台東区鳥越1-16-5
ACCESS 아사쿠사선 구라마에역 A1 출구로 나와서 도보 8분

OPEN 12:00~19:00, 일요일 휴무
TEL 03-3861-0675
WEB www.syuro.info

라멘 카이
らーめん 改
ADD 東京都台東区蔵前4-20-10 宮内ビル 1F
ACCESS 아사쿠사선 구라마에역 A0 출구로 나와서 도보 2분

OPEN 11:00~15:00, 17:30~21:00, 월요일 휴무
TEL 03-3864-6055
WEB www.facebook.com/kainoodles/

마이토 구라마에 본점
MAITO 蔵前本店

ADD 東京都台東区蔵前4-14-12
ACCESS 아사쿠사선 구라마에역 A0 출구로 나와서 도보 2분

OPEN 11:30~18:30, 월요일 휴무
TEL 03-3863-1128
WEB maitokomuro.com

콘센트 구라마에 본점
KONCENT Kuramae 本店

ADD 東京都台東区蔵前2-4-5
ACCESS 아사쿠사선 구라마에역 A1 출구로 나와서 도보 1분

OPEN 11:00~19:00
TEL 03-3862-6018
WEB koncent.net

인 블롬 구라마에점
印花楽 in Blooom 蔵前店

ADD 東京都台東区蔵前3-22-7
ACCESS 오에도선 구라마에역 A6 출구로 나와서 도보 1분

OPEN 11:00~19:00, 목요일 휴무
TEL 03-5820-8131
WEB inblooom.jp

누이 호스텔 & 바 라운지
Nui. HOSTEL & BAR LOUNGE

ADD 東京都台東区蔵前2-14-13
ACCESS 아사쿠사선 구라마에역 A2 출구로 나와서 도보 3분

COST 도미토리 1박 3,000엔~
TEL 03-6240-9854
WEB backpackersjapan.co.jp/nuihostel/

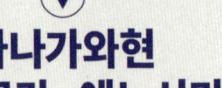

가나가와현
가마쿠라 · 에노시마

쓰루가오카 하치만구
鶴岡八幡宮

ADD 神奈川鎌倉市雪ノ下2-1-31
ACCESS 가마쿠라역에서 도보로 15분

OPEN 05:00~20:30, 10월~3월 06:00~20:30, 1월1일~3일 24시간 개방
TEL 0467-22-0315
WEB www.hachimangu.or.jp

도시마야 본점
豊島屋 本店

ADD 神奈川鎌倉市小町2-11-19
ACCESS 가마쿠라역에서 도보로 3분

OPEN 09:00~19:00, 수요일 휴무
TEL 0467-25-0810
WEB www.hato.co.jp

오쿠시모론 코마치
OXYMORON komachi

ADD 神奈川鎌倉市雪ノ下1-5-38 2F
ACCESS 가마쿠라역에서 도보 6분

OPEN 11:00~18:00, 수요일 휴무
TEL 0467-73-8626
WEB www.oxymoron.jp

웰캄
WELKAM

ADD 神奈川鎌倉市雪ノ下1-4-26 ウェルハウス1F
ACCESS 가마쿠라역에서 도보 7분

OPEN 10:00~18:00
TEL 0467-23-0771
WEB www.welkam.jp

가마쿠라 다이부츠덴 고토쿠인
鎌倉大仏殿高徳院

ADD 神奈川鎌倉市長谷4-2-28
ACCESS 하세역에서 도보 8분

OPEN 08:00~17:30, 10월~3월 08:00~17:00, 대불상 내부 견학 08:00~16:30
COST 입장료 어른 200엔, 초등학생 150엔
TEL 0467-22-0703
WEB www.kotoku-in.jp

하세데라
長谷寺

ADD 神奈川鎌倉市長谷3-11-2
ACCESS 하세역에서 도보 6분

OPEN 08:00~17:00, 10월~2월 08:00~16:30
COST 입장료 어른 400엔, 초등학생 200엔
TEL 0467-22-6300
WEB www.hasedera.jp

칸논 커피
Kannon Coffee kamakura

ADD 神奈川県鎌倉市長谷3-10-29
ACCESS 하세역에서 도보 5분

OPEN 10:00~18:00
TEL 0467-84-7898
WEB kannon-coffee-kamakura.business.site

에노시마 씨 캔들
江の島シーキャンドル

ADD 神奈川藤沢市江の島2-3-38
ACCESS 에노시마역에서 도보 25분, 사무엘 코킹 정원 내

OPEN 09:00~20:00
COST 에노시마 전망 등대 세트권(에스컬레이터 이용+사무엘 코킹 정원 입장+씨 캔들 전망대 입장) 어른 750엔, 어린이 370엔 **TEL** 0466-23-2444
WEB enoshima-seacandle.com

론 카페 에노시마 본점
LONCAFE 江ノ島本店

ADD 神奈川県藤沢市江の島2-3-38 江の島サムエルコッキング苑内
ACCESS 에노시마역에서 도보 25분, 사무엘 코킹 정원 내

OPEN 11:00~20:00, 주말 10:00~20:00
TEL 0466-28-3636
WEB loncafe.jp

아사히 본점
あさひ本店

ADD 神奈川藤沢市江の島1-4-10
ACCESS 에노시마역에서 도보 15분

OPEN 09:00~18:00, 목요일 휴무
TEL 0466-23-1775
WEB www.murasaki-imo.com

이바라키현 국영 히타치 해변공원

도쿄 나카노·고엔지

국영 히타치 해변공원
ADD 茨城県ひたちなか市馬渡字大沼605-4
ACCESS 가쓰타역 앞 2번 승강장에서 노선 버스 타고 히타치카이힌코엔 니시구치 하차
OPEN 09:30~17:00, 7월21일~8월31일 09:30~18:00, 11월1일~2월 말 09:30~16:30, 월요일·연말연시·2월 첫째 주 화~금요일 휴관
COST 입장료 어른 450엔, 중학생 이하 무료, 65세 이상 210엔 **TEL** 029-265-9001 **WEB** hitachikaihin.jp

서쪽 출입구 구역
- 스이센 가든 (スイセンガーデン)
- 니시이케 (西池)
- 다마고노모리 플라워 가든 (たまごの森フラワーガーデン)
- 기넨노모리 레스트하우스 (記念の森 レストハウス)

수목 구역
- 히타치나카 자연림 (ひたちなか自然の森)

미하라시 구역
- 미하라시노오카 (みはらしの丘)
- 미하라시노사토 (みはらしの里)

대초원 구역
- 다이소겐 플라워 가든 (大草原フラワーガーデン)

사구 구역
- 사큐 가든 (砂丘ガーデン)
- 씨 사이드 카페 (Sea Side Café)

프레저 가든 구역
- 히타치 로즈 가든 (常陸ローズガーデン)
- 대관람차 (大観覧車)

나카노 브로드웨이
中野ブロードウェイ
ADD 東京都中野区中野5-52-15
ACCESS 나카노역 북쪽 출구에서 도보 5분

OPEN 11:00~20:00(점포마다 다름)
TEL 03-3388-7004
WEB www.nbw.jp

만다라케
まんだらけ 中野店
ADD 東京都中野区中野5-52-15
ACCESS 나카노 브로드웨이 2~4층

OPEN 12:00~20:00
TEL 03-3228-0007
WEB www.mandarake.co.jp/dir/nkn/

바 진가로
Bar Zingaro
ADD 東京都中野区中野5-52-15 2F
ACCESS 나카노 브로드웨이 2층

OPEN 11:00~21:00(부정기 휴무)
TEL 03-5942-8382
WEB bar-zingaro.jp

키아리즈
Kiarry's

ADD 東京都杉並区高円寺南2-21-8 1F
ACCESS 고엔지역 남쪽 출구에서 도보 8분

OPEN 13:00~20:00
TEL 03-3314-3446
WEB kiarrys.ocnk.net

도쿄
후타코타마가와

자・고엔지
座・高円寺

ADD 東京都杉並区高円寺北2-1-2
ACCESS 고엔지역 북쪽 출구 도보 5분

COST 입장 무료, 공연 관람료 별도
TEL 03-3223-7500
WEB za-koenji.jp

다마가와 다카시마야 쇼핑 센터
玉川タカシマヤ S・C

ADD 東京都世田谷区玉川3-17-1
ACCESS 후타코타마가와역 서쪽 출구 도보 3분

OPEN 10:00~20:00
TEL 03-3709-2222
WEB www.tamagawa-sc.com

덴스케
天すけ

ADD 東京都杉並区高円寺北3-22-7 プラザ高円寺 1F
ACCESS 고엔지역 북쪽 출구 도보 2분

OPEN 12:00~14:00, 18:00~22:00, 월요일 휴무
TEL 03-3223-8505

박스 앤 니들
BOX&NEEDLE 二子玉川店

ADD 東京都世田谷区玉川3-12-11
ACCESS 후타코타마가와역 서쪽 출구 도보 3분

OPEN 11:00~19:00
TEL 03-6411-7886
WEB boxandneedle.com

크래프트 비어 마켓 진보초점
クラフトビアマーケット神保町店

ADD 東京都千代田区神田神保町2-11-15住友商事神保町ビル1F
ACCESS 진보초역에서 도보 2분

OPEN 11:30~14:00, 17:00~23:00, 토요일・공휴일15:00~23:00, 일요일 휴무
TEL 03-6272-5652
WEB www.craftbeermarket.jp/jimbocho/

고호로
KOHORO, コホロ

ADD 東京都世田谷区玉川3-12-11
ACCESS 후타코타마가와역 서쪽 출구 도보 3분

OPEN 11:00~19:00, 수요일 휴무
TEL 03-5717-9401
WEB kohoro.jp

라이즈 쇼핑 센터
ライズ・ショッピングセンター

ADD 東京都世田谷区玉川2-21-1
ACCESS 후타코타마가와역 동쪽 출구로 나와서 바로

OPEN 10:00~21:00
TEL 03-3709-9109
WEB sc.rise.sc

후타코타마가와 츠타야 가덴
二子玉川 蔦屋家電

ADD 東京都世田谷区玉川1-14-1
ACCESS 후타코타마가와역 동쪽 출구로 나와서 도보 5분, 라이즈 쇼핑 센터 테라스 마켓 내

OPEN 가전 매장 09:30~21:00, 서점 09:30~22:30
TEL 03-5491-8550
WEB store.tsite.jp/futakotamagawa/

후타코타마가와 공원
二子玉川公園

ADD 東京都世田谷区玉川1-16-1
ACCESS 후타코타마가와역 동쪽 출구로 나와서 도보 12분

TEL 03-3700-2735
WEB www.futako-tamagawa-park.jp

스타벅스 후타코타마가와코엔점
Starbucks 二子玉川公園店

ADD 東京都世田谷区玉川1-16-1
ACCESS 후타코타마가와 공원 내

OPEN 08:00~21:00(일, 공휴일은 20:00까지)
TEL 03-5797-5505
WEB www.starbucks.co.jp/store/search/detail.php?id=1138